Johann Georg Sulzer

Theorie der angenehmen und unangenehmen Empfindungen

Johann Georg Sulzer

Theorie der angenehmen und unangenehmen Empfindungen

ISBN/EAN: 9783743367104

Hergestellt in Europa, USA, Kanada, Australien, Japan

Cover: Foto ©Thomas Meinert / pixelio.de

Manufactured and distributed by brebook publishing software
(www.brebook.com)

Johann Georg Sulzer

Theorie der angenehmen und unangenehmen Empfindungen

Johann Georg Sulzers,

Mitglieds der Königl. Akademie der Wissenschaften zu
Berlin und Professors der Mathematik bey dem
Königl. Joachimsthalischen Gymnasio,

Theorie

der

angenehmen und unangenehmen

Empfindungen.

_____

Berlin,
verlegts Friedrich Nicolai,
1762.

Comparauit

P. STEPHANUS WIEST ordinem Ciſter⸱
cienſium Profeſſus in Alterſpach, Phi-
loſophiae et SS. Theologiae Doctor⸱
Sereniſſ. Principis et Electoris Palatino⸱
Bauarici Conſiliarius Ecclef. Actualis⸱
Theologiae dogmaticae , Patrologiae,
et Hiſtoriae litterariae Theologicae in
Alma Catholica Vniuerſitate Ingolſtadi-
enſi Profeſſor publicus ordinarius.

179

Vorrede.

Das Original dieser Abhandlung ist in Französischer Sprache in den Schriften der Königlichen Akademie der Wissenschaften zu Berlin erschienen. Da man sie wegen ihres lehrreichen Inhalts ins Deutsche zu übersetzen vor gut gefunden, hat der berühmte Herr Verfasser nicht allein seine Einwilligung dazu gegeben, sondern auch die Uebersetzung genau durchgesehen,

A 2   und

und einige Anmerkungen hinzu gethan, welche zur Erläuterung des
wahren Sinnes das ihrige beytragen. Diese Anmerkungen sind zum
Unterschiede mit Zahlen bezeichnet,
dahingegen die mit Buchstaben be-
zeichnete schon dem Original bey-
gefüget gewesen. Berlin den 2ten
Januar 1762.

Theorie

Theorie

der

angenehmen und unangenehmen

Empfindungen.

Erster Abschnitt.

Allgemeine Theorie des Vergnügens.

Unter allen philosophischen Fragen ist das die berühmteste und wichtigste, welche die Mittel, zur Glückseligkeit zu gelangen, betrift. Diese Frage ist so alt als die Philosophie selbst, und von vielen Weltweisen des Alterthums untersucht worden, welche sich darüber

A 3   in

(1) Der Verfasser dieser Theorie, dem wir diese Ueber-setzung zur Beurtheilung ihrer Richtigkeit vorgelegt haben, hat uns in den Stand gesetzt, einige An-merkungen (die zum Unterschied mit Zahlen bezeich-net sind) zur Erläuterung oder Bestätigung seiner Lehre

in verschiedene Sekten zertheilet haben. Bey dem
ersten Anblicke scheint sie nicht sehr schwer zu seyn.
Jedermann gesteht es ein, daß die Glückseligkeit, so
weit sie der Mensch erreichen kann, ein Zustand sey,
wo das Vergnügen, was man genießt, den Schmerz
überwiegt, dem man unterworfen ist. Nun hat
eine lange Reihe von Erfahrungen den Menschen
von unzähligen Dingen Kenntniß verschafft, deren
Genuß Vergnügen macht; und man kennt vermittelst eben derselben beynahe alle Fälle, wo Schmerz
und Verdruß natürliche Folgen der Handlungen
sind. Ist dieß wahr, so scheint die ganze Wissenschaft der Glückseligkeit, so weit sie nämlich von unsern Handlungen abhängt, auf diese einzige sehr einfache und leichte Regel hinauszulaufen: Suche dir
alles mögliche Vergnügen, das aus der Erfahrung bekannt ist, zu verschaffen, und allen
Schmerz zu vermeiden. Dieß ist der Hauptgrund-
satz von der Moral der neuen Epikuräer. (a)

Aber

Lehre hinzuzuthun. Einige der folgenden Anmerkungen scheinen zwar die Ueberseßung richtiger zu
machen, in der That aber verbessern sie den Sinn
der Urschrift: denn der Verfasser hat eingesehen,
daß er sich an einigen Orten entweder nicht bestimmt,
oder nicht richtig genug ausgedrückt hat.

(a) Ich sage der neuern Epikuräer; denn Epikur selbst
ist sehr weit von diesem Gedanken entfernt gewesen,
er, der die verschiedenen Arten von Vergnügen
so sorgfältig von einander unterschied, und nur
die anständigen anpries, die andern aber verwarf.
Siehe den Diogenes Laert.

Aller scheinbaren Gründlichkeit dieser Maxime ohnerachtet, ist es doch nicht schwer einzusehen, daß sie sehr mangelhaft sey. Man braucht nur wenig Erfahrung nebst einem gesunden Urtheil zu haben, um zwey Stücke gewahr zu werden, die sie sehr verdächtig machen.

1. So geschieht es oft, daß Vergnügungen wider Vergnügungen streiten. Wir haben verschiedene Fähigkeiten, die uns zu verschiedenen Arten von Vergnügungen geschickt machen. Nun kann es sich zutragen, daß eine der andern entgegen ist, oder der Genuß der einen wenigstens den Genuß der andern nothwendig ausschließt. Was soll man alsdenn machen? Welcher soll man den Vorzug geben? Der größten? Aber wie kann man das Vergnügen berechnen? Ist es genung, die ersten Eindrücke von beyden Arten mit einander zu vergleichen, oder muß man jedes Vergnügen durch die ganze Reihe von Eindrücken hindurch, die es in der Seele hervorbringt, verfolgen? Ist es möglich, daß eine Sache uns immer größeres Vergnügen giebt, je mehr und länger wir desselben genießen; so kann uns der erste Eindruck, den es auf uns gemacht hat, nicht seinen wahren Werth schätzen lehren. Die Regeln, die uns in dem Forschen nach der Glückseligkeit leiten sollen, müssen uns über diese Zweifel nicht in Unwissenheit lassen. Hieraus schließe ich also, daß die Epikurische Maxime mangelhaft sey.

2. Lernen wir auch aus der Erfahrung, daß ein genossenes Vergnügen in Schmerz und Verdruß ausarten kann, oder richtiger zu sprechen, ein genossenes Vergnügen kann einen weit größern Verdruß verursachen, als das Vergnügen in seiner Art gewesen ist. Das kömmt von der Verschiedenheit unsrer Fähigkeiten her. Wenn wir nur einer Art des Vergnügens fähig wären, wenn uns z. E. von allen unsern Fähigkeiten nur der Geschmack übrig bliebe, so würde diese Maxime sehr richtig seyn. Alsdenn brauchten wir nur, um glücklich zu seyn, alle mögliche Mittel aufzusuchen, unserm Geschmack zu schmeicheln. Nichts wäre dann leichter als glücklich zu seyn, ob wohl ein so eingeschränktes Glück nur wenig bedeuten würde. Sobald wir aber verschiedene Fähigkeiten haben, und sobald es nöthig ist, sie alle zu befriedigen, um zur Glückseligkeit zu gelangen, so wird die Wissenschaft der Glückseligkeit weit mehr zusammengesetzt: und man wird sehen, daß die angeführte Maxime nicht allein mangelhaft, sondern auch gefährlich, und uns in Unglück zu stürzen fähig ist.

Ich schmeichle mir, diese wenige Anmerkungen werden hinlänglich seyn, zu zeigen, daß die Epikurische Maxime auf keine Weise dienlich ist, uns zum großen Zweck der Natur zu führen, und daß man weit schwerere Untersuchungen anstellen müsse, wenn man zu etwas gründlichem und gewissen in der Moral gelangen will. Es ist auch aus dem, was ich angemerkt habe, nicht einmal schwer einzusehen, was

man

man für einen Weg ergreifen muß. Man muß nothwendig alle Fähigkeiten, die uns gegen die verschiedene Arten des Vergnügens und Schmerzens fühlbar machen, recht gründlich kennen; man muß wissen, welche Eigenschaften der Gegenstände sie erregen, und in welchem Verhältniß jede dieser Eigenschaften mit dem Wesen der Seele selbst steht; und endlich auch, wie das Vergnügen durch allerley Gegenstände vermittelst dieser Eigenschaften erregt wird. Nach diesen vorläufigen Untersuchungen wird man im Stande seyn, über den richtigen Werth der Vergnügungen, über die Proportion, worinn sich die verschiedenen Arten desselben unter einander erhalten müssen, wenn wir glücklich seyn sollen; und über die Mittel, sie uns zu verschaffen, ein sicheres und entscheidendes Urtheil zu fällen.

Ich glaube über jeden dieser Punkte einige Anmerkungen gemacht zu haben, die mir wichtig genung scheinen, um es zu wagen, sie der Akademie vorzulegen. Ich werde mich für dieses mahl daran begnügen lassen, die Grundsätze meiner folgenden Untersuchungen vor Augen zu stellen, welche in der Erklärung des Ursprungs aller angenehmen und unangenehmen Empfindungen überhaupt bestehen. Bevor ich diese Untersuchungen angestellt hatte, glaubte ich, daß alles, auch noch so verschiedene Vergnügen, aus einem und eben demselben wesentlichen Grundtriebe der Seele entspringe, so wie in der Natur eine einzige sehr einfache Kraft eine Menge sehr verschiedener Erscheinungen hervor bringt.

A 5 Nach-

Nachdem ich nunmehro diesen Grundtrieb aufge-
sucht habe, bin ich von der Richtigkeit meiner Muth-
maßung gewiß worden.

Wir müssen bis zum Wesen der Seele dringen, wenn
wir die ursprüngliche Quelle alles Vergnügens
entdecken, und nach Art der Mathematiker, welche aus
dem Wesen der krummen Linie alle andere Eigenschaften derselben herleiten, die verschiedenen Arten desselben entwickeln wollen. Denn da das Angenehme
und Unangenehme mit allen unsern Vorstellungen so
genau verbunden ist, so kann man daraus schließen,
daß diese beyden allgemeinen Eigenschaften unserer
Seele unmittelbar von der Natur der Seele abhangen.

Ich will mich hier in keine metaphysische Untersuchung für oder wider die Immaterialität der Seele
einlassen. Die Entscheidung dieser Frage scheint
mir zu meinem Zweck nicht unumgänglich nothwendig zu seyn. Die Seele mag einfach oder materiell
seyn, genung wenn sie nur von einer beständigen
und unwandelbaren Natur ist, und das Wesentliche
der menschlichen Natur zu allen Zeiten und in allen
Erdstrichen beständig einerley ist: und das wird jeder vernünftige Philosoph ohne Schwierigkeit gestehen. Ohne mich also dabey aufzuhalten, die Immaterialität der Seele zu beweisen, (welcher Beweis
mir doch nicht unmöglich scheint) will ich nur untersuchen, worinn ihr Wesen oder ihre natürliche Wirksamkeit bestehe. Denn da die Seele eine wirksame

Substanz

Subſtanz iſt, (welches niemand läugnen kann,) ſo muß ihr eine gewiſſe Art der Wirkſamkeit oder der Kraft natürlich ſeyn. Dieſe natürliche Wirkſamkeit der Seele beſteht gewiß darinn, Ideen hervor zu bringen, oder auch ſie zu empfangen, und mit einander zu vergleichen; das heißt, zu denken.

Ich will hier nicht wiederholen, was unſere neuere Philoſophen nach dem berühmten Herrn von Wolf gründlich dargethan haben, um zu beweiſen, daß die natürliche Wirkſamkeit der Seele, oder, wie ſie es nennen, ihre weſentliche Kraft darinn beſtehe, Ideen hervor zu bringen. Wenige Menſchen ſind gewohnt, ſich mit metaphyſiſchen Unterſuchungen abzugeben. Ich will hier nur anmerken, daß, da die Seele niemals die Gegenſtände ſelbſt, ſondern nur die Ideen, welche ſie ſich davon macht, genießt, ſie auch nur Ideen begehren kann; und folglich ihre weſentliche Wirkſamkeit nur in Hervorbringung von Ideen beſtehen kann, weil ſonſt nichts als dieſe in der Seele vorhanden iſt. Wenn wir über das, was in dem Zeitvertreibe und in den Vergnügungen der Menſchen weſentlich iſt, nachdenken; ſo werden wir allezeit finden, daß ſie endlich auf etwas bloß idealiſches hinauslaufen.

Ein Menſch mag Genie oder Stärke des Geiſtes haben wie er wolle, ſo geht doch in allem, was er vornimmt, ſeine ſtandhafteſte Neigung dahin, ſeinen Geiſt oder ſeine Einbildungskraft beſtändig mit ſolchen Dingen zu beſchäftigen, die ihm Materie zum Denken geben: das iſt gleichſam die Nahrung der Seele. Wollen wir uns davon überzeugen, ſo

dürfen

dürfen wir dem Menschen nur in allem seinen Zeitvertreib, in seinen Vergnügungen, kurz in allem,
was er aus Geschmack thut, folgen, und aufsuchen,
was ihm eigentlich Zeitvertreib verursacht; so werden wir jederzeit finden, daß es auf etwas hinaus
läuft, das die vorstellende Kraft der Seele unter-
hält. Gefällt, zum Exempel, dem Ehrgeitzigen der
Rang, wozu er sich durch seine Künste erhoben hat,
weil er geschmeichelt und gefürchtet wird; oder er-
götzt sich sein Geist nicht vielmehr an der intellektua-
lischen Schönheit, die er in dem glücklichen Erfolg seiner Unternehmungen wahrnimmt, und an der schönen Aussicht, die ihm seine Macht vorhält, unzählige Begebenheiten nach seinem Willen einrichten zu
können? Ich bin versichert, das meiste Vergnügen
entsteht bey ihm aus der Schönheit des politischen
Systems, das er sich entworfen hat.   Das ist aber
pur intellektualisch.   Und so verhält es sich mit allen
andern Ergötzungen der Menschen.   Wenn sich der
Philosoph mit seinen Spekulationen, der Staats-
mann mit seinen Entwürfen beschäftiget; wenn der
Stutzer lieblich thut, oder der gemeinste Mann mit
sei:en Nachbarn plaudert; so haben sie alle insge-
sammt nur einerley Endzweck: es will nämlich ein
jeder seine Seele mit einer Menge Ideen und Gedanken versehen, die sich zu seinem Geschmack und
zum Umkreise seiner Einsichten schicken.   Dieß versteht sich vornehmlich von solchen Beschäftigungen,
wozu eine Anstrengung des Geistes erforderlich ist.
Jede Unternehmung ist eine Art von Aufgabe, deren
Auflösung uns intereßirt, weil sie die ursprüngliche
Noth-

Nothdurft unserer Natur befriediget; und alle ver=
schiedene Lebensarten sind gleichsam so viel Wissen=
schaften, die endlich alle auf die Erkenntniß=Fähig=
keiten unserer Seele hinzielen. Was ein berühmter
Dichter von der Eigenliebe sagt, schickt sich noch
viel besser auf dieses Bedürfniß der Seele:

— — — — écartez ce mobile,
L'homme est enseveli dans un repos sterile:
Il est tel, qu'à la terre une plante attachée,
Qui vegéte, produit, & périt déssechée. (*b*)

Ich glaube mich nicht zu betrügen, wenn ich ver=
sichere, daß die Wahrheit dessen, was ich hier von
der Natur der Seele und ihrem ursprünglichen Be=
dürfniß behauptet habe, jedem, der sich nur die Mühe
geben will, darüber nachzudenken, auch einleuchten
werde. Doch könnte daraus ein Zweifel entstehen,
daß es so viele Menschen giebt, die nur nach bloß
sinnlichen Vergnügungen zu trachten scheinen. Nun
kann man sich aber sehr schwer überreden, daß das
Denken die vornehmste Bedürfniß solcher Leute seyn
solle.

Ich gebe zur Antwort, und gründe mich dabey
auf die Erfahrung, daß, wenn es wirklich bloß sinn=
liche Vergnügungen giebt, diese allein niemals die
Bedürfniße unsrer Natur hinlänglich zu befriedigen
im Stande sind; sie werden bald verächtlich und un=
schmackhaft, wenn sie von dem Vermögen zu denken
nicht einige Reitzungen entlehnen. Ich will nicht ein=
mal anführen, daß Leute von Verstande selbst sinnliche
Ver=

(*b*) *Du Resnel* poetische Uebersetzung des Versuchs
über den Menschen vom Pope.

Vergnügungen lebhafter als andere empfinden; sondern ich merke nur dieses an, daß ein Mensch, welcher allen seinen Sinnen überflüßig Genüge thun
könnte, aber der Vergnügungen, welche von der Er-
kenntnißkraft abhangen, beraubt wäre, gewiß nicht
lange glücklich seyn würde. Wer würde wohl an
den Vergnügungen der Tafel einzig und allein in
der Absicht Geschmack finden, weil sie der Zunge
schmeicheln; und wer würde sich wohl darnach sehnen, wenn er ohne Gesellschaft und Freude dabey
wäre? Wer würde des Genusses der schönsten Person nicht bald satt werden, wenn nicht Vergnügungen einer höhern Art mit untermischt wären? Die
größten Wollüstlinge werden uns gestehn, daß man
mitten unter den Entzückungen der Sinne Langeweile
und schreckliche leere Stellen antrift, und ohne diejenigen Ergötzungen unglücklich ist, welche von dem
Vermögen zu denken unstreitig entspringen, und das
wahre Salz der übrigen sind.

Wir sehen also klärlich, daß, so mächtig auch
die sinnlichen Vergnügungen seyn mögen, sie doch
nur von einem zufälligen Bedürfniß herrühren, und
daß bey allem, was uns lange vergnügen soll, etwas intellektuelles statt haben muß. Dieses beweiset,
daß das Wesen der Seele der Grundtrieb, daraus
alle unsere dauerhafte Begierden entstehen, eine
mächtige Bestimmung sey, Ideen hervor zu bringen
oder zu empfangen. Ich schmeichle mir so gar, in
der Folge dieser Untersuchungen zu zeigen, daß auch
die sinnlichsten Vergnügungen aus dieser allgemeinen
Quelle ihren Ursprung nehmen.

Noch

Noch eine andere Beobachtung bestätiget das,
was ich von der Natur der Seele gesagt habe. Wenn
man auf die Verschiedenheit und Veränderungen des
Geschmacks Achtung giebt, so wird man gewahr, je
mehr ein Mensch zu intellektuellen und deutlichen
Ideen fähig wird, desto weniger beschäftigt er sich
mit sinnlichen. Die niemals denken gelernt haben,
beschäftigen sich, so gut sie können, mit Dingen,
welche viel vom Sinnlichen abhängen. Man lehre
sie aber nachdenken, Urtheile fassen, aus besondern Begebenheiten allgemeine Schlüsse machen, und Ideen,
die sich zum Theil ähnlich sind, mit einander vergleichen; so wird man sehen, daß sie sich weit mehr mit
intelletuellen Dingen zu thun machen werden, als sie
es zuvor gethan haben. Ich wiederhole es also mit
Zuversicht; unsere Natur ist so beschaffen, daß das
Denken uns wesentlich und der Grundtrieb aller unserer Unternehmungen und aller unserer freyen Handlungen ist, so wie das Brennen dem Feuer und das
Anziehen des Eisens dem Magnet wesentlich ist.

Wir haben also einen wirksamen Grundtrieb in
der Seele gefunden, der die Quelle aller unserer
Handlungen ist. Vermöge dieses Grundtriebes kommen alle unsere Neigungen in einem Ursprunge und
Mittelpunkte zusammen. Und wie die Menschen,
die von einem gemeinschaftlichen Vater entspringen,
nach ihrem Stande von einander verschieden sind,
so daß es Edle und Bürgerliche von mancherley
Range giebt, je nachdem sie das Schicksal in der
Welt da oder dort hingestellt hat: eben so werden
unsere Neigungen und Vergnügungen, ob sie wohl

nach

nach ihrem Ursprunge von gleichem Adel sind, mehr
oder minder hochachtungswerth; je nachdem die verschiedenen Dienste sind, die sie uns leisten, je nachdem sie unmittelbarer oder entfernter mit der Glückseligkeit in Verbindung stehen.

Ehe ich aber zeige, wie dieses thätige Principium
der Seele alle angenehme und unangenehme Empfindungen, und folglich auch alle Neigungen und Ab-
neigungen hervor bringt, muß ich zuvor seine Natur
etwas genauer untersuchen. Erstlich muß man merken, daß der Name einer Kraft, welchen man diesem im Menschen thätigen Principium gegeben hat,
ein beständiges Bemühen bedeutet, das, so zu sagen,
alles in Bewegung setzt, Ideen hervorbringen zu können. Will man die Natur dieser Kraft recht kennen
lernen, so darf man sie sich nur in merkwürdigen Fällen, als z. E. in einer großen Gemüthsbewegung,
vorstellen. Jedermann weiß, wie man alsdann
von der Kraft der Begierde gedrängt und bewegt
wird. In andern Fällen, wo die Seele ruhiger ist,
bleibt zwar diese wesentliche Kraft einerley, nur daß sie
nicht so stark ist; sie erregt allezeit eine mehr oder minder starke Bewegung, die der Bewegung der Leidenschaften ähnlich ist. Das hat der Ausdruck, wesentliche Kraft der Seele, zu bedeuten.

Ich bemerke zweytens, daß diese Kraft der
Seele so bestimmt ist, daß es uns gar nicht gleichgültig ist, von welcher Beschaffenheit die Ideen sind,
die sie hervorbringt. Die Seele zieht jederzeit die
klaren Ideen den dunkeln, und die deutlichen denje-
gen vor, die nur undeutlich klar sind. Jedermann
sieht

ſieht allerley Dinge lieber deutlich ein, als daß er verwirrte Begriffe davon hat. Eine deutliche Idee ſtellt
uns auch in der That von einem Gegenſtande mehr
Dinge vor, als eine undeutliche; und befriediget folglich das Bedürfniß der Seele auch beſſer.

Das iſt noch nicht alles. Die Seele begnügt
ſich nicht daran, Ideen hervorzubringen: gleich einem guten Boden, der den in ſeinem Schooß empfan-
genen Saamen nährt und zum Wachsthum bringt,
zieht die Seele, wenn ſie ihre Ideen überdenkt und mit
einander vergleicht, neue heraus, und macht Sätze,
Schlüſſe und an einander hängende Gedanken daraus.
Dieſe Wirkſamkeit der Seele zeigt ſich allenthalben.
Das kleinſte Genie macht ſeine Schlüſſe ſo gut wie
der Philoſoph. Dieſe Fähigkeit, Ideen zu vergleichen und Schlüſſe daraus zu machen, nennt man die
Vernunft, und man iſt durchgehends einſtimmig,
daß ſie allen Menſchen mehr oder weniger zu Theile
geworden. Sie iſt kein erworbenes Talent, ſondern
eine Gabe der Natur, eine nothwendige Folge der ur-
ſprünglichen Kraft der Seele, der man vergeblich wi-
derſtehn würde. Umſonſt würden wir uns vorſetzen,
in Unthätigkeit zu bleiben, die Kraft der Seele riſſe
uns fort. Wir bringen Ideen hervor, wir vergleichen ſie, wir ſchließen, ohne daran zu denken, ja
oft wider unſern Willen. Ich merke endlich noch
an, je mehr die Ideen in einer Schlußfolge verbunden ſind, das heißt, je vollkommener die Schlußfolge
iſt, deſto mehr Gefallen findet auch die Seele daran.
Denn ihre natürliche Wirkſamkeit iſt in ſolchen Fällen freyer und vollkommener, als wenn die Ideen

B   ver-

verwickelt sind. Und das bestätiget auch die Erfah=
rung. Dieß ist die Natur des thätigen Grundtrie=
bes der Seele. Jedermann weiß, wie der Herr von
Wolf alle intellektuelle Fähigkeiten der Seele daraus
hergeleitet hat. Ich werde itzt den Ursprung aller
angenehmen und unangenehmen Empfindungen dar=
aus zu folgern suchen, welche gleichsam der Saame
der Leidenschaften, oder vielmehr die Funken sind,
daraus ihr Feuer entspringt. Denn ich gestehe es, daß
mir weder die Theorie vom Vergnügen, welche uns
dieser berühmte Philosoph gegeben hat, noch die Theo=
rie des großen Kartesius hierinn Genüge leistet.

Wir wollen damit den Anfang machen, daß wir
die Ideen des Vergnügens und Mißvergnügens auf
einfache Begriffe zurück führen. Diese beyden Em=
pfindungen verändern sich nach den verschiedenen Gra=
den ihrer Stärke auf unendliche Weise; und gleich
Flüssen, die in verschiedenen Entfernungen von ihrer
Quelle verschiedene Namen tragen, werden sie auch
nach den Graden ihrer innern Größe mit andern Na=
men belegt. Eben dieselbe Empfindung wird, nach=
dem sie stärker oder schwächer ist, Annehmlichkeit,
Vergnügen, Freude, Entzückung genennet werden;
wie hingegen die Ausdrücke Mißvergnügen, Verdruß,
Zwang und Quaal auch nur einerley Empfindung be=
zeichnen, so fern sie nämlich von ihrem Ursprunge
an bis zu ihrem entferntesten Wachsthum betrachtet
wird. Wir wollen sie also bey ihrer Quelle nehmen,
um die Begriffe davon festzusetzen. Der Anfang des
Vergnügens ist nichts anders, als was wir eine
freye Leichtigkeit (aisance) nennen. Diese Leich=
tigkeit

tigkeit fängt mit der Ruhe, mit einer Art von Gleich=
gewicht in der Seele an. Das Mißvergnügen hin=
gegen fängt bey dem Zwange an. Wir wollen erst
den Ursprung und Wachsthum dieser letztern Empfin=
dung betrachten.

Die natürliche Wirksamkeit der Seele kömmt
von einer Kraft, von einem gewissen Bestreben zu
denken her, das sie in sich fühlt. Thut etwas dieser
Kraft Widerstand, und verhindert sie, sich zu ent=
wickeln; oder kömmt die Wirkung mit der Größe
des Bestrebens der Seele nicht überein: so muß sie
es nothwendig empfinden, übel damit zufrieden seyn,
und an diesem Zustande des Zwangs, der ihrer Na=
tur gerade entgegen steht, keinen Gefallen tragen.
Ich werde in der Folge zeigen, was das für Hinder=
niße sind, die die natürliche Wirksamkeit der Seele
stören und aufhalten. Je lebhafter eine Seele ist,
oder je größer der Widerstand gegen ihre Wirksamkeit
ist, desto größer ist auch der Verdruß, der daraus ent=
stehet; und diese Empfindung kann so weit gehn, daß
die ganze Natur des Menschen davon gleichsam um=
geworfen wird. Die Seele gleicht einem Flusse, der
so lange ruhig fortfließt, als sein Lauf nicht aufgehal=
ten wird; der aber aufschwellt und wütend wird, so
bald man seinem Strom einen Damm entgegen setzt.
Dieß ist der Ursprung der unangenehmen Empfin=
dung oder des Mißvergnügens.

Was das Vergnügen betrift, so scheint es schwe=
rer zu seyn, es wohl zu erklären. Wenn das Miß=
vergnügen natürlicher Weise von der gestörten oder
gehinderten Wirksamkeit der Seele herrührt, so scheint

die

die bloße Freyheit des Wirkens und der gute Erfolg der
angewandten Kräfte nichts weiter als Zufriedenheit
und Ruhe hervorzubringen, die nur der Anfang oder die
Elemente des Vergnügens sind. Indessen kann man
leicht einsehen, daß, wenn die Seele diesen Zustand
der Leichtigkeit, darinn sie sich befindet, überdenkt, sie
eine angenehme Empfindung davon haben müsse; besonders wenn sie sich des Verdrusses erinnert, den sie
sonst wohl gehabt hat, wenn ihre Wirksamkeit verhindert worden ist. Diese angenehme Empfindung
ist aber das noch nicht, was man eigentlich Vergnügen nennt. Es gehört etwas mehr dazu. Wie ist
also der Zustand der Seele, und wie ihre Wirksamkeit,
wenn sie an statt bloßer Zufriedenheit wirklich Vergnügen oder Freude genießt?

Das Vergnügen scheint von der bloßen Zufriedenheit darinn unterschieden zu seyn, daß es etwas
lebhaftes und piquantes hat. Bey der Zufriedenheit ist die Seele gleichsam in Ruhe; im Vergnügen
scheint sie in angenehmer, aber lebhafter Unruhe zu
seyn. Diese Lebhaftigkeit, welche das Vergnügen
vom bloßen Wohlgefallen unterscheidet, kann daher
kommen, daß die Wirksamkeit der Seele alsdenn
schnell ist; sie geht nicht mehr ihren gewöhnlichen
Lauf; sie wird eine Menge Sachen gewahr, die sie
mit mehrerer Leichtigkeit und Hurtigkeit bearbeiten kann (2), als sie im Stande der bloßen
Ruhe

(2) Dieses soll eigentlich heißen: Sie wird in einem
einzigen Hauptgegenstande eine Menge Sachen auf
einmal gewahr, die ihre Wirksamkeit zugleich reizen,
und dadurch wird ihr Bestreben vermehrt.

Ruhe zu haben pflegt. So muß nothwendig die
Wirksamkeit einer Seele beschaffen seyn, wenn sie
sich einen Gegenstand vorstellt, daraus als aus einer
fruchtbaren Quelle eine Menge besonderer Ideen entspringen, die sie, so zu sagen, in der Ferne voraus
siehet. Sie fühlt, daß sie Arbeit, und leichte (3)
Arbeit haben wird. Diese Ahndung von überflüßi-
ger Nahrung, wenn ich mich so ausdrücken darf, erregt bey ihr die Begierde, sich auf diesen Gegenstand
zu heften; und aus dieser Begierde entsteht haupt-
sächlich die Lebhaftigkeit des Vergnügens: denn ich
glaube nicht, daß ein merklicher Grad des Vergnügens ohne Begierde in der Welt seyn könne. So
bald die Begierde fehlt, so fällt das Vergnügen auf
bloßes Gefallen herab, wie es bey oft wiederholten
Vergnügungen zu gehen pflegt. So viel kann ich von
dem Ursprunge des Vergnügens überhaupt sagen.

Aus dieser Erklärung folget, daß das Gefühl des
Vergnügens gewisser maßen ein außerordentlicher Zustand der Seele sey. Und das bestätiget die Erfahrung auch sattsam. Niemand auf der Welt hat in
seinem Leben mehr Zeitpunkte des Vergnügens, als
der Zufriedenheit oder des Verdrusses gehabt. Das

B 3 lebhafte

(3) Das ist Arbeit, deren Schwierigkeit sie nicht
abschreckt. Denn ein Gegenstand, dessen Beschaffenheit wir einzusehen, oder wenigstens zu fühlen
gar nicht im Stande sind, schreckt uns ab; die allzu
schwer einzusehende Ordnung ist z. E. eine Unordnung
für uns. Einige haben den eigentlichen Sinn des
Verfassers hier nicht eingesehen, und deswegen seine
Theorie in diesem Stücke getadelt.

lebhafte Vergnügen ist auf der Bahn dieses Lebens nur sparsam gesäet. Wir reisen durch Gegenden, wo viel dürre Felder, angenehmes Grün genug, aber wenig Blumen von gewissem Glanze sind.

Nachdem wir die allgemeine Quelle aller angenehmen und unangenehmen Empfindungen im Innersten unserer Natur entdeckt haben, sollte ich nun zeigen, in welcher Fassung die Seele seyn müsse, um zu diesen Empfindungen mehr oder minder fähig zu werden; und welches die allgemeinen Eigenschaften derjenigen Gegenstände sind, die sie erregen? Ehe ich aber diese Untersuchung anstelle, muß ich erst einigen Zweifeln begegnen, die man gegen meine allgemeine Erklärung machen könnte.

Wie? wird man sagen, das Vergnügen sollte nur einen so kleinen Anfang haben? Sollten die Entzückungen der Freundschaft und Zärtlichkeit, sollte die so lebhafte als sanfte Freude, die eine schöne Handlung begleitet und belohnt; sollte der Reiz der Schönheit und die süße Trunkenheit, die aus den Ergötzungen der Sinne entsteht; kurz, sollten all die großen und so mannigfaltigen Vergnügungen nur aus der Kraft zu denken, und aus dem Bestreben der Seele, Ideen hervorzubringen, entstehn? Dieses wird manchen Personen so fremd vorkommen, daß sie in Versuchung gerathen werden, meine Theorie zu verwerfen, ehe sie sie noch umständlich untersucht haben. Hier sind einige Anmerkungen, die gewisser maßen zu vorläufigen Antworten auf diese Zweifel dienen werden, bis ich umständlichere Beweise davon geben kann.

Unter

Unter allen Vergnügungen sind die intellektuellesten gemeiniglich die anzüglichsten und dauerhaftesten (4). Nichts auf der Welt ist anziehen-
der als das Studium der spekulativischen Wissenschaften, und vornehmlich der Mathematik, welche dem
Geiste die beste Gelegenheit geben, sich zu üben, und
worinn sich die Kraft der Seele am vortheilhaftesten
entwickelt. Die Hitze eines lebhaften und scharfsinnigen jungen Menschen, der sich auf diese Wissenschaften legt, übertrift alle andere Leidenschaften.
Man hat Leute allem, was die Sinne und Einbildungskraft nur Ergötzendes darbieten, mit Freuden
entsagen sehen, um sich ganz und gar solchen Beschäftigungen zu widmen, daraus kein anderes als ein bloß
intellektuelles Vergnügen entspringen kann (c). Die
Lebhaftigkeit eines Vergnügens kann also niemals
gegen seinen intellektuellen Ursprung einen gegründe-

B 4

ten

(4) Soll heißen: gemeiniglich die dauerhaftesten
und sehr ofte von dem stärksten Reiz.

(c) Man sieht z. E. Leute, deren Geschmack zum Sol-
datenstande oder zum Reisen und andern ähnlichen
Unternehmungen so stark ist, daß sie den allgemeinen Vergnügungen des Lebens entsagen, um ihrer
Neigung zu folgen. Werden manche durch Ruhm-
begierde oder Hofnung des Gewinnes dazu gereizt,
so giebt es auch viele, die aus keinem andern Be-
wegungsgrunde handeln, als weil sie ihren Geschmack, der bloß intellektuel ist, befriedigen wollen.
Das beweiset ganz klar, daß die intellektuellen Vergnügungen eben so stark und lebhaft seyn können,
als die Vergnügungen einer andern Art.

ten Zweifel erregen, weil es sehr lebhafte giebt, die
gewiß einen solchen Ursprung haben.

Man könnte gegen unsere Theorie noch einen an=
dern Zweifel erregen, der von der großen Mannig=
faltigkeit der Vergnügungen und von der erstaunli=
chen Verschiedenheit des Geschmacks hergenommen
ist, die man bey Wesen antrift, welche im Grunde
doch einerley Natur theilhaftig sind. Man kann
aber zu Hebung desselben folgendes anführen. Die
Seele überdenkt alles, was sich ihr klar darstellt und
ihren Geschmack vergnügt, ohne daß sie sich Mühe ge=
ben sollte, zu unterscheiden, von was für Natur die
Gegenstände sind. Alle, die ihr Beschäftigung ver=
schaffen, sind auch geschickt, Materie zum Vergnü=
gen oder Verdruß zu werden. Wenn man aber
von einem Gegenstande, es sey welcher es wolle,
Vergnügen ziehen will, so muß man darüber zu den=
ken, und sich denselben zu Nutze zu machen wissen.
Das Lesen der Elemente des Euklides verursachet
großes Vergnügen, aber nur für einen Kenner der
Geometrie. Jede besondere Art von Gegenstand er=
fordert eine gewisse Kunst, eine gewisse Fertigkeit,
um gänzlich bekannt zu seyn. Man mag so scharf=
sinnig seyn als man immer wolle, so wird es einem
bey einem ganz neuen Gegenstande nicht so gleich
glücken. Da nun aber die Umstände, darinn sich
die Menschen befinden, so verschieden sind, so müssen
es ihre Kenntniße und ihre Fertigkeiten eben auch
seyn; und hieraus folget, daß die Gegenstände ihrer
angenehmen und unangenehmen Empfindungen eben
so sehr von einander verschieden seyn müssen, als die

Cha=

Charaktere der Menschen verschieden sind. Die Ver=
schiedenheit des Geschmacks ist also nur eine Wirkung
der äußern Umstände. Die Grundtriebe des Ge=
schmacks sind bey allen Menschen einerley, weil sie
aus ihrem Wesen fließen. Die Gelegenheiten aber,
die man hat, sind Ursache, daß man sich mit gewissen
Gegenständen bekannt macht; und diese Bekannt=
schaft erzeuget eine größere Kenntniß dieser Gegen=
stände: und das ist der Grund zum Vergnügen.
Alle alten Spartaner liebten die Leibesübungen, die
Jagd, den Krieg und Beschwerlichkeiten: alle Sy=
bariten hingegen liebten die Weichlichkeit, die Faul=
heit und die sinnlichen Vergnügungen. Weder diese
noch jene hatten Gelegenheit, sich mit andern Din=
gen, die Vergnügen machen können, bekannt zu ma=
chen. Der Spartaner, der nie anders als auf einem
harten Lager schlief, wußte nichts davon, daß man
feinere Arten, die Betten zu machen, ausdenken kön=
ne. Ja es giebt ganze Nationen, die an gewissen
Vergnügungen, die bey andern sehr beliebt sind, gar
keinen Geschmack finden; und das darum, weil sie
nicht wissen, daß es möglich sey, an solchen Dingen
Vergnügen zu haben: sie haben nie daran gedacht.
Sollte der Peruvianer wohl nach dem Golde begie=
rig seyn, da er die Vortheile, welche es verschaffen
kann, niemals überdacht hat? Ein Mensch, der
nie in Gesellschaft gelebt hätte, und den Unterschied
des Ranges nicht wüßte, könnte auch schlechterdings
nicht ehrgeitzig seyn, noch es begreifen, daß andere
ehrgeitzig wären. Man bringe ihn aber in die Welt,
unter eine gesittete Nation; so wird er vielleicht ein

B 5 Cesar

Cesar werden. Mancher, der sich wundert, daß man das Spiel so lieben könne, da er selbst kein Spiel versteht, wird vielleicht der hitzigste Spieler werden, wenn er Gelegenheit hat, es zu lernen. Ich glaube gewiß, wenn ein Mensch unter allen verschiedenen Nationen des Erdbodens leben könnte, so würde er auch jeden Geschmack und jede Leidenschaft, die in den verschiedenen Gegenden herrscht, nach einander annehmen; so wie Alcibiades bald der Athenienser, bald der Spartaner, bald der Thracier, bald der Perser ihre Sitten angenommen hatte.

Diese Beobachtungen beweisen, daß die Verschiedenheit des Geschmacks und der Vergnügungen gar nicht hindert, daß sie nicht alle aus einer und derselben sehr einfachen Quelle ihren Ursprung nehmen sollten. Wir kommen mit einer allgemeinen Fähigkeit zu unzähligen Neigungen und Leidenschaften auf die Welt. Wir bringen die Kraft, welche das Wesen der Seele ausmacht, und sonst nichts weiter, mit. Die Umstände, darinn wir uns in dem Laufe unsers Lebens befinden, geben gleichsam der unbestimmten Kraft der Seele die Richtung; nur gewisse Arten von Gegenständen werden uns bekannt, und diese allein erregen unsere Begierden: gegen alle übrigen bleiben wir gleichgültig, weil wir sie nicht kennen. Es giebt aber auch allgemeine Neigungen, die fast alle Menschen mit einander gemein haben; nämlich diejenigen, welche von solchen Gegenständen herrühren, die allenthalben, bey gesitteten Völkern und bey den Hottentotten, einerley sind. Dahin gehören die Hofnung, die Furcht, die Selbstliebe, mit einem Worte,

alle

alle Leidenschaften, welche man einfache Affekten nennet, und wovon Kartesius ein sehr gutes Verzeichniß gegeben hat.

Nachdem wir unser Principium festgesetzt, und gegen die wichtigsten Einwürfe gesichert haben, so müssen wir es nun etwas genauer betrachten, und sehen, wie denn die Seele, und wie die Gegenstände beschaffen seyn müssen, daß angenehme oder unangenehme Empfindungen stärker oder schwächer werden. Die wesentliche Bedingung, welche überhaupt zur angenehmen Empfindung erforderlich ist, ist diese (5): Die Seele muß im Stande seyn, eine Menge Ideen, die in einem einzigen Gegenstande zusammen verbunden sind, leicht zu entwickeln, und die wesentliche Bedingung des Verdrusses ist diese: Die Wirksamkeit der Seele muß verhindert seyn, dieses zu thun. Die Beschaffenheit der Seele und die Eigenschaften des Gegenstandes

(5) Diese ganze Stelle, bis an den folgenden Abschnitt, könnte besser auf folgende Weise ausgedrückt werden: So oft die Seele einen merklichen Grad der angenehmen Empfindung fühlen soll, so muß ihre ursprüngliche Vorstellungskraft zu einer lebhaften Wirksamkeit gereizt werden. Die wesentliche Bedingung aber zur Unlust oder zum Verdruß ist diese: daß die Wirksamkeit der Seele eine merkliche Hinderniß antreffe. In beyden Fällen trägt so wohl der gegenwärtige Zustand der Seele, als die Beschaffenheit des Gegenstandes, das ihrige zu dieser Wirkung bey. Dieses wollen wir itzo näher, wiewohl nur allgemein, untersuchen.

ſtandes müſſen alſo beyderſeits zu Erregung dieſer
Empfindungen zuſammen kommen.   Ich will erſt=
lich von der Beſchaffenheit der Seele ſprechen.

Ich bemerke, daß die Seele vornehmlich durch
zwo Eigenſchaften unmittelbar zu angenehmen und
unangenehmen Empfindungen mehr oder weniger
fähig wird; nämlich durch die Fertigkeit zu über=
legen und durch die Lebhaftigkeit.   Die Fertigkeit
zu überlegen macht, daß man jede Sache, die ſich
uns darbeut, feſt hält, um ſie zu betrachten, und
alles, was dazu gehört, zu entwickeln; ſie bringt
mehr Wirkſamkeit in eine Seele, als ſie ohne dieſe
Fertigkeit haben würde: da nun das Vergnügen oder
der Verdruß nur aus dieſer Wirkſamkeit herrührt,
ſo müſſen ſie auch folglich nothwendig beyde um die=
ſer Eigenſchaft des Geiſtes willen häufiger ſeyn. Für
einen Menſchen, der wenig überlegt, muß nothwen=
dig alles ſehr vergänglich ſeyn.   Er heftet ſeine Auf=
merkſamkeit nicht genung auf die Gegenſtände, noch
auf ſeine eigene Ideen, um das, was ihn angeneh=
mer oder unangenehmer Weiſe rühren könnte, darinn
gewahr zu werden; er geht über alles leichte hin.
Dieß iſt der Erfahrung ſo gemäß, als es natürlich
aus meiner Theorie folget.   Wir ſehen, daß die ge=
ſitteten Nationen, welche die Talente des Geiſtes mit
dem meiſten Fleiße bearbeiten, und folglich auch die
größte Fertigkeit zu überlegen haben; daß dieſe Na=
tionen, ſage ich, gegen alle Arten von Vergnügen
und Verdruß weit empfindlicher ſind, und weit meh=
rere Arten davon kennen, als die barbariſchen Völ=
ker,

ker, welche die Dummheit gegen unzählige Dinge,
die uns rühren, unempfindlich macht.

Die Lebhaftigkeit des Geistes ist vielleicht nichts
anders, als der Grad der ursprünglichen Kraft der
Seele, welche ihr Wesen ausmacht. Sie ist bey=
nahe eben das in der Seele, was die Geschwindig=
keit in der Bewegung eines Körpers ist. Nun ist
es ausgemacht, je größer diese Kraft oder das Be=
streben, Ideen hervor zu bringen, ist, und die übri=
gen Umstände sind sich sonst gleich; so muß man auch
den Zwang der Hinderniße, und folglich Mißvergnü=
gen und Verdruß desto mehr fühlen. Und da die
Lebhaftigkeit des Vergnügens aus der Größe des
Bestrebens entsteht, die Menge von Ideen, die sich
auf einmal darbieten, zu entwickeln; so ist es klar,
daß die Lebhaftigkeit des Geistes auch die Fähigkeit
zum Vergnügen vermehrt, oder daß ein lebhafter
Mensch das Vergnügen weit stärker empfinden muß,
als ein anderer, der lange so lebhaft nicht ist. Die
Erfahrung stimmt hier wieder mit der Theorie über=
ein: die lebhaftesten Temperamente sind auch die em=
pfindlichsten; und wer die stärksten Affekten hat, hat
auch die größten Vergnügungen und die empfindlich=
sten Schmerzen.

Diese zwo Eigenschaften, davon ich gesprochen
habe, machen uns unmittelbar zu Vergnügen und
Verdruß fähig. Außer dem giebt es noch viele an=
dere Eigenschaften, die eben die Wirkung auf eine
indirekte Art hervorbringen. Wir sehen oft, daß
sich Leute aus Dingen ein Vergnügen machen, die
allen übrigen kein Vergnügen erwecken. Es kömmt

in

in einer großen Gesellschaft die Nachricht an, daß
jemand das Unglück gehabt habe, vom Pferde zu
stürzen und den Hals zu brechen. Die ganze Gesellschaft betrübt sich darüber, ein einziger ausgenom-
men, der ein sehr lebhaftes Vergnügen darüber empfindet. Er ist schon lange Zeit ein geschworner
Feind des Verstorbenen, der immer seine Absichten
vereitelt hatte. Man sieht wohl, daß der Haß hier
eine von den mittelbaren Eigenschaften der Seele ist,
davon ich sprechen will, die uns Dinge angenehm und
unangenehm machen, welche es für und an sich niemals seyn würden. Diese Arten des Vergnügens
fließen zwar auch aus der allgemeinen Quelle, (wie
man es sehr leicht beweisen könnte,) aber nicht unmittelbar, weil eine gewisse besondere Fassung in der
Seele seyn muß, die nicht allen Menschen gemein
ist, wodurch die Sache angenehm oder unangenehm
wird, die es durch sich selbst nicht seyn würde. Erziehung, Gewohnheit und besondere Gemüthsfassun-
gen machen uns viele Dinge angenehm oder unangenehm, die es für andere, denen diese Bestimmungen
fehlen, nicht sind. Dieß ist die vornehmste Quelle
der Verschiedenheit im Geschmack. Es würde unmöglich seyn, alle Arten der Vergnügungen, die von
diesen mittelbaren Ursachen abhängen, anzugeben;
die unmittelbaren Vergnügungen aber werden wir in
der Folge angeben können. Es ist genung, wenn
wir anmerken, daß man allezeit wahrnehmen wird,
daß alles mittelbare Vergnügen aus dem glücklichen
Erfolg der Wirksamkeit der Seele entspringt. Das
Vergnügen z. E. das ein Neidischer über den Schaden

den eines begüterten Menschen empfindet, kömmt augenscheinlich daher, daß sich der Neidische nun ohne Hinderniß seine Favorit-Ideen von dem Ruin seines Feindes entwickeln kann. Ueberhaupt muß jeder erfüllte Wunsch Vergnügen machen. Denn wenn man wünscht, so hat man ein Bestreben nach einer gewissen Reihe Ideen. So lange der Lauf der Natur, oder menschliche Ursachen diesen Ideen zuwider sind, so lange wird die Seele verhindert, sie zu verfolgen. Das macht ihr Verdruß. So bald uns aber die Begebenheiten die Bahn eröfnen, und wir sehen die Dinge ankommen, wie wir sie gewünscht haben, so stürzt sich die Wirksamkeit der Seele mit Lebhaftigkeit hin, die Ideen so, wie sie sie gewünscht hat, zu entwickeln: und das macht Vergnügen. Auf solche Weise ohngefähr kann man diese mittelbaren Vergnügungen erklären. Eben die Anmerkungen können auch zu Erklärung des mittelbaren Verdrusses dienen, welcher gemeiniglich aus dem Widerspruche unsrer Ideen mit den Begebenheiten selbst entsteht. Ohne mich aber bey diesem mittelbaren Vergnügen und Mißvergnügen aufzuhalten, von dessen Arten man wegen der unendlichen Verschiedenheit der Temperamente und Charaktere niemals ein Verzeichniß wird geben können; werde ich im folgenden bloß dabey stehen bleiben, meine Theorie auf die verschiedenen Arten unmittelbarer Vergnügungen anzuwenden, welche ich aus der wesentlichen Kraft der Seele herleiten werde.

Eine von diesen mittelbaren Eigenschaften verdient eine besondere Aufmerksamkeit, und ist nicht

wenig

wenig geschickt, unsere Erklärung vom Ursprunge des
Mißvergnügens zu bestätigen.   Niemanden ist viel=
leicht unbekannt, wie verdrüßlich der Zustand der
Unthätigkeit der Seele ist, den man die Langeweile
nennt.   Dieß ist eine der peinlichsten Gemüthsfassun=
gen, darinn man sich befinden kann, und welche ei=
nen tödtlichen Verdruß erweckt.   Sie rührt ganz
augenscheinlich daher, daß die Wirksamkeit der Seele
alsdenn verhindert ist, sie mag sonst auch für Ursa=
chen haben was es wolle.   Man fühlt die dringende
Nothdurft der Natur, man wünscht mit brennendem
Verlangen sie zu befriedigen, man eilt von einer
Sache zur andern, ohne daß man dabey stehn bleiben
kann.   Die Ideen weigern sich gleichsam, der Seele
zu gehorchen, und sie ärgert sich über die schreckliche
Leere, die sie in ihrem Triebwerk siehet, ohne daß sie
sie ausfüllen kann.   Ein abscheulicher Zustand, und
der da beweiset, wie wichtig es für den Menschen sey,
daß er sich beschäftigen lerne, um diese schreckliche
Verfinsterungen der Vernunft zu verhüten. (6)

Nach=

(6) Hier findet sich eine kleine Lücke, die der Verfasser
    zu spät wahrgenommen, um sie in der Urschrift aus=
    zufüllen.   Der Leser schalte also zwischen dem letz=
    ten und dem nachfolgenden Abschnitte diese Ergän=
    zung ein.

    „Dieses sind die allgemeinen Bedingungen in
    „der Seele, die sie zu dem Vergnügen und dem Ver=
    „drusse mehr oder weniger vorbereiten.   Die beson=
    „dere Bedingung und nähere Vorbereitung aber so
    „wohl zu angenehmen als unangenehmen Empfin=
    „dungen ist diese: daß sie sich eine Menge Sachen
    „zugleich

Nachdem ich erkläret habe, welche Eigenschaften und Arten der Vorstellung die Seele unmittelbar gegen das Vergnügen und Mißvergnügen mehr oder minder empfindlich machen, so muß ich nun noch mit wenigen Worten von den allgemeinen Eigenschaften der Gegenstände sprechen, vermittelst welcher sie diese Empfindungen natürlicher Weise in der Seele erregen müssen. Aus dem, was wir schon oben festgesetzt haben, ist es ganz klar, daß die angenehme Empfindung nur durch solche Gegenstände unmittelbar rege gemacht werden kann, welche eine Menge Ideen in sich fassen, die so mit einander verbunden sind, daß die Seele voraus sehen kann, sie werde ihren ursprünglichen Geschmack dabey zu befriedigen finden (7): es ist ferner klar, daß jeder Gegenstand, worinn

„zugleich in einem solchen Grade der Undeutlichkeit
„vorstelle, daß der ganze Gegenstand, worinn alle
„diese besondere Dinge sich befinden, dem Geiste
„nur klar vorschwebt. Denn diese undeutliche Vor-
„stellung macht eben, daß uns alles besondere in
„der Sache auf einmal rührt, da hingegen bey ei-
„ner völligen Deutlichkeit jeder einzele Begriff sich
„dem Geiste besonders darstellt. Bey dem Ver-
„gnügen fassen wir alles besondere gleichsam in einen
„einzigen körperlichen Gegenstand zusammen, und
„machen ihn dadurch zu einem Phänomen oder zu
„einem phantastischen Bilde, welches in der Seele
„eine Illusion oder Berückung hervor bringt. „

(7) Das ist: sie müssen in der Phantasie nur ein einziges Bild ausmachen.

C

worinn die Seele nichts zu entwickeln antrift, ihr
ganz gleichgültig seyn müsse; und daß endlich ein
Gegenstand, der die Seele verhindert, das, was er
mannigfaltiges enthält, zu entwickeln, oder der auf
irgend eine Weise dem Bestreben der Seele, Ideen
hervorzubringen (8), Hinderniße in den Weg legt,
ihr nicht anders als unangenehm seyn könne.

Es ist also kein Gegenstand, der die Seele an=
genehm oder unangenehm rühren soll, einfach; er
muß nothwendig zusammengesetzt seyn, das heißt,
er muß mannigfaltiges in sich begreifen. Dieses be=
stimmt den wesentlichen Unterschied unter den Din=
gen, die der Seele natürlicher Weise gleichgültig sind,
und die sie rühren. Der Unterschied der Gegenstän=
de, die an sich selbst angenehm und unangenehm sind,
kann nur in der Verbindung des mannigfaltigen, das
die Gegenstände in sich fassen, bestehen. Ist Ord=
nung in dieser Verbindung, so kann die Seele ihrem
Geschmacke gemäß an diesem Gegenstande arbeiten;
und das wird also ein angenehmer Gegenstand seyn:
ist aber keine Ordnung darinn (9), so wird der Ge=
genstand unangenehm seyn. Wenn ferner der Geist
aus irgend einem Grunde die Entwickelung eines
Gedankens eifrig vornimmt, so muß ihm jeder Ge=
genstand, der ihm in dieser Entwickelung behülflich
ist, nothwendig auch angenehm seyn; so wie ihm
hingegen etwas, das ihn an dieser Entwickelung hin=
dert, nicht anders als unangenehm seyn kann.

Ich

(8) Besser: viele Begriffe auf einmal zu haben.
(9) Oder eine solche, welche die Seele nicht einzusehen
vermag.

Ich will mich aber hier in keine weitere Untersuchung über diese Eigenschaften der Gegenstände einlassen, weil ich das, was ich noch zu sagen habe, bis
dahin versparen will, wenn ich den Versuch machen
werde, aus dieser allgemeinen Theorie die besondern
Empfindungen der Seele in Absicht jeder verschiedenen Klasse der Gegenstände, dadurch sie gerührt wird,
herzuleiten.

Untersuchung
über den Ursprung der angenehmen
und unangenehmen Empfindungen.

Zweyter Abschnitt.
Theorie der intellektuellen Vergnügungen.

Ich habe zu Anfange des vorigen Abschnitts angemerkt, daß die Wissenschaft der Glückseligkeit
eine genaue Theorie des Vergnügens voraussetzt,
vermittelst welcher man im Stande sey, jeder Art
desselben ihren gehörigen Werth zu geben. Diese
Theorie erfordert zweyerley. Man muß wissen, welche Beschaffenheit der Seele es sey, daraus das Vergnügen entspringt? und zweytens muß man auch
wissen, welche Eigenschaft der Gegenstände diese Ge-
müthsfassung hervor bringe? Ich habe diese zwey
Stücke im vorhergehenden Abschnitte überhaupt ab-
gehandelt. Nun will ich die allgemeine Theorie auf
besondere Arten anwenden, und in diesem Abschnitte
zeigen: welche Gegenstände vermittelst des Ver-

C 2 standes

standes und der Einbildungskraft angenehme
und unangenehme Empfindungen in uns erregen? (10) ich werde ferner auch noch zu erklären
suchen: auf was für Art sie diese Empfindungen
erregen.

Ich habe schon bemerkt, daß man zwo allgemeine Klassen der Vergnügungen unterscheiden muß,
nämlich unmittelbare und mittelbare Vergnügungen.   Es würde eine vergebliche Arbeit seyn, wenn
man es unternehmen wollte, diese letztern alle her zu
erzählen: denn da sie von den Bestimmungen und
der besondern Denkungsart eines jeden einzelnen
Menschen abhangen, so sind sie auch unendlich verschieden.   In der That kann die geringste Sache,
die keine Eigenschaft an sich hat, welche eine angenehme

(10) Da die Einbildungskraft bey jedem Vergnügen
und Mißvergnügen nothwendig mit wirken muß,
wie aus der vorhergehenden Abhandlung deutlich
erhellet, so ist die besondere Gattung der angenehmen Empfindungen durch obige Worte des Textes
nicht bestimmt genug ausgedrückt. Es ist in dieser Abhandlung die Rede von den angenehmen Empfindungen, an denen nur die Vorstellungskraft der Seele
Antheil hat. Dann wiewohl nach der Theorie des
Verfassers diese Vorstellungskraft die unmittelbare
Ursache der Empfindungen ist, so sind einige, welche
andre Eigenschaften als eine Zwischenhülfe nöthig
haben.   Dergleichen Zwischenhülfe geben die Sinnen und die ursprünglichen Grundtriebe des Herzens, die zwar beyde zuletzt auch auf eine gewisse
Bestimmung oder Einschränkung der Vorstellungskraft heraus kommen.

nehme Empfindung in uns erregen müßte, eine große
Quelle zum Vergnügen werden, wenn die Einbildungskraft oder ein gewisser Enthusiasmus sie uns
schön finden läßt; oder wenn uns eine gewisse Neigung, die uns nicht wesentlich ist, dazu bestimmt.
Auf diese Art können zwey Dinge, die sich einander
ganz entgegen sind, zwoen Personen gleich starkes
Vergnügen machen, oder auch einer und eben derselben Person zu verschiedener Zeit, wenn ein besonderer Affekt in ihrem Herzen die Herrschaft hat.

Da die unmittelbaren Vergnügungen in dem
Wesen der Seele selbst gegründet sind, so sind sie
auch beständig und allgemein. Es giebt davon drey
verschiedene Arten. Die Sinne, das Herz und die
Fähigkeiten des Verstandes sind derselben Werkzeuge. Die Vergnügungen der Sinne scheinen die
unmittelbarsten zu seyn, weil weder Ueberlegung,
noch Beurtheilung, noch auch viel Aufmerksamkeit
dazu gehört, sie zu genießen. Die Vergnügungen
des Herzens nehmen aus den moralischen Empfindungen, und vornehmlich aus der Neigung, ihren
Ursprung, welche alle Menschen in größerm oder geringerm Grade zu ihres gleichen, oder wenigstens zu
ihren Freunden haben. Die Vergnügungen der
intellektuellen Fähigkeit scheinen am wenigsten beständig zu seyn; der Geschmack zu den Wissenschaften und schönen Künsten ist bey den verschiedenen
Nationen sehr verschieden. Wenn es aber doch
wahr ist, daß alle diese Vergnügungen unmittelbar
aus der Natur der Seele fließen, so muß die Ver-

schieden-

schiedenheit des Geschmacks nur scheinbar seyn. Ich
hoffe, dieses augenscheinlich darzuthun.

Alle Vergnügungen, auch selbst die Vergnügungen der Sinne, beziehen sich endlich (wie ich es beweisen werde,) auf die intellektuelle Fähigkeit der
Seele. Ich habe geglaubt, daß ich von denen, welche man intellektuelle Vergnügungen nennet, zuerst
handeln müsse, weil mir diese Untersuchungen Gründe an die Hand geben werden, vermöge welcher man
die übrigen Arten besser zu entwickeln im Stande ist.
Dieser Abschnitt wird sich also mit dem Schönen
beschäftigen, und die Wirkungen des Schönen auf
den Verstand und die Einbildungskraft erklären.
Denn wir nennen alle Dinge schön, die dem Verstande oder der Einbildungskraft unmittelbar gefallen. (d) (11)

Wahrscheinlicher Weise hat man sonst nur diejenigen äußerlichen Gegenstände schön genennet, die
ent-

(d) Es giebt nur wenige Dinge, die man schön nennet, und die sich auf die Sinne beziehen: wenn
man diese ausnimmt, so beziehet sich alle Schönheit
unmittelbar auf den Verstand oder auf die Einbildungskraft.

(11) Der Verfasser nimmt hier allerdings das Schöne
in einer etwas andern und weniger allgemeinen Bedeutung, als man es insgemein zu nehmen pflegt.
Bisweilen nennet man ohne Unterschied alles, was
gefällt, schön; andremale scheinet man nur sinnlichen Gegenständen diese Benennung zu geben. Die
Benennungen sind endlich willkührlich, wenn nur
die Sachen ihre Richtigkeit haben.

entweder durch ihre Farben, oder durch die Symmetrie, Proportion und Regelmäßigkeit ihrer Theile
angenehm in die Augen fallen. Man hat aber schon
seit langer Zeit wahrgenommen, daß eben die Eigenschaft, welche die Schönheit der sichtbaren Dinge
ausmacht, eben sowohl unzähligen andern Dingen
zukömmt, die nicht für die Sinne gehören. Man
sagt: ein schöner Gedanke; eine schöne That, ein
schöner Lehrsatz; eben so gut, als man sagt: eine
schöne Person, ein schönes Gebäude, ein schönes Gemälde. Ich werde weiter unten beweisen, daß dieser Name allen den verschiedenen Arten von Gegenständen um einer gewissen gemeinschaftlichen Eigenschaft willen, darinn das Wesen der Schönheit besteht, mit Recht zukömmt. Soll ich aber die Wirkung, welche das Schöne auf uns haben muß, erklären, so muß ich vor allen Dingen erst den Begrif
desselben entwickeln. Was ist das Schöne? und
durch was für eine Eigenschaft bringt es die
angenehme Empfindung hervor? Das ist der
Inhalt des ersten Theils dieses Abschnittes.

Um die Idee des Schönen recht zu entwickeln,
wollen wir erst die vornehmsten Arten desselben unterscheiden. Dinge, welche nichts mit einander gemein zu haben scheinen, gehören doch gleich stark zur
Klasse der Schönheiten. Der Geist muß über das
Schöne urtheilen; es stellt sich ihm entweder vermittelst der Sinne, oder durch die Einbildungskraft,
oder unmittelbar durch den Verstand dar. Durch
das Gesicht erlangen wir die Ideen von der Figur,
von der Symmetrie der neben einander befindlichen

C 4 Theile,

Theile, von der Schattirung der Farben, und den
Abänderungen in der Gestalt. Die schönen Gegen=
stände also, welche uns das Gesicht zu erkennen giebt,
sind entweder schöne Figuren, als Statuen, Gebäu=
de und dergleichen, oder schöne Schattirungen, als
der Regenbogen, eine Landschaft, u. s. w. oder end=
lich mannigfaltige Bewegungen, als der Tanz.
Durch das Gehör erlangen wir den Begrif des Schö=
nen, der in der Harmonie und Folge der Theile,
als in musikalischen Stücken, besteht. Die übrigen
Sinne sind zwar mit diesen zween Hauptsinnen sehr
gleichartig, aber sie erwecken nur undeutliche Ideen,
welche zwar angenehm sind, aber nicht mehr zum
Schönen gehören. Die Natur also, die Malerey,
die Baukunst und die Musik verschaffen uns das
Schöne der Sinne.

Wenn die Einbildungskraft (12) die Gegenstän=
de, welche ihr durch die Sinne zugeführt werden,
bearbeitet, so macht sie alsdenn entweder andere
daraus,

(12) Das Wort Einbildungskraft hat einen doppelten
Sinn. Es ist zum richtigen Verstande der Theorie
des Verfassers unumgänglich nothwendig, daß man
beyde wohl merke. Bisweilen versteht er durch Ein=
bildungskraft bloß das Vermögen der Seele, die Bil=
der der Sinnen sich in ihrer Abwesenheit wieder vor=
zustellen, andere male aber eignet er überhaupt alle
undeutliche Vorstellungen der Einbildungskraft zu,
wenn sie auch gleich mit den wirklich von den Sin=
nen herrührenden Bildern nichts gemein haben. Ein
aufmerksamer Leser wird von selbst sehen, wenn von
der einen oder der andern dieser Bedeutung die Re=
de ist.

daraus, oder aber sie wiederholt diejenigen, welche
den Sinnen gegenwärtiger sind. Sie ist, so zu sa=
gen, eine Gehülfinn der Sinne. Und da die Poesie
die besondere Sprache ist, welche zur Einbildungs=
kraft redet, so findet man auch in dieser schönen Wis=
senschaft alle Schönheiten der Einbildungskraft ver=
einiget. (e)

Es giebt eine große Menge anderer Dinge, die
man schön nennet, und welche weder für die Sinne,
noch für die Einbildungskraft gehören. Sie stellen
sich dem Verstande durch deutliche Ideen dar. (13)
Diese Dinge sind aus vielen Ideen zusammengesetzt,
deren Verbindung ein schönes System ausmacht.
Dergleichen sind ein schöner Lehrsatz, ein schöner Ge=
danke, ein schönes System, eine schöne Zeichnung,
ein schöner Charakter, eine schöne That. In der
Mechanik, in dem Plane der Welt und der bewun=
dernswürdigen Struktur seiner Theile, und in den
Wissenschaften findet man diese Art von Schönheit,
die wir intellektuelle Schönheit nennen wollen. (14)

C 5   Nun

(e) Ich bezeichne hier die Poesie nach ihrer vornehm=
sten Eigenschaft; ich weiß wohl, daß sie außer den
Schönheiten der Einbildungskraft viele andere be=
sitzt: davon ich auch an seinem Orte reden werde.

(13) Man setze hinzu: ob sie gleich im Ganzen oder
auf einmal betrachtet eine undeutliche Hauptvorstel=
lung machen.

(14) Es ist hieraus offenbar, daß der Verfasser auch
die Vollkommenheit, in so fern sie sich der anschauen=
den Erkenntniß undeutlich vorstellt, unter die Schön=
heit rechnet. Jemand, der seine Theorie getadelt,
hat dieses nicht bemerkt.

Nun wollen wir untersuchen, worinn das Wesen des Schönen überhaupt besteht. Man ist durchgängig der Meynung, daß die Schönheit in der auf die Einheit gebrachten Mannigfaltigkeit besteht. Ein Ding, das ganz einfach ist, in welchem man nichts unterscheiden kann, kann auch niemals schön seyn: diese Eigenschaft setzt allezeit die Menge und Mannigfaltigkeit der Dinge in einem Gegenstande voraus. Es mag z. E. von einem Gebäude, oder Gemälde, oder von einer Landschaft die Rede seyn, so gesteht jedermann, daß die Schönheit dieser Dinge aus der Anordnung der Theile entspringe. Die Menge der Theile allein macht keine Schönheit; es muß Mannigfaltigkeit und Verbindung darinn seyn. Man setze, daß man in der Natur, oder in einem Gemälde eine Menge Gegenstände ohne Verbindung und Ordnung sehe, z. E. eine große Menge Menschen, die hin und her laufen, eine Menge Bäume in einem Gehege, die unordentlich durch einander stehn; so wird man in keinem von beyden Fällen sagen, daß es schön sey. Sieht man aber an statt der unordentlich durch einander gesetzten Bäume, solche, die in verschiedenen Alleen gepflanzt, unter einander verbunden sind, und zusammen eine regelmäßige Figur ausmachen, so wird man auch schon Schönheit darinn antreffen. (15)

Gesetzt,

(15) Man nennt zwar auch einen Busch, wo gar keine regelmäßige Anordnung der Bäume ist, schön, wenn er schattig ist, wenn der Boden ein angenehmes Grün hat, wenn er zu einem einsamen und erquicken-
den

Gefetzt, ein Gemälde ftellet eine Landfchaft vor;
und man fieht nichts darauf als ein weites Feld ohne
Mannigfaltigkeit, fo wird man gewiß nicht fagen,
daß es eine fchöne Landfchaft fey; und wenn auch
noch fo viel mannigfaltiges darinn ift, und alle Theile
find nicht mit einander verbunden, fo wird man eben
das Urtheil fällen.   Wenn ein Maler z. E. bey Ver-
fertigung deffelben fo verfahren wäre, daß er von andern Gemälden verfchiedene Theile genommen, und
in dem einen das Licht von der rechten, in dem andern Theile von der linken Seite her fiele; daß er
Berge angebracht hätte, ohne fonft ein anderes un-
terfcheidendes Merkmal bergigter Gegenden mit zu
bezeichnen; und endlich Bäume und Vögel aus allen
vier Theilen der Welt darauf wären: fo würde man
doch aller diefer Mannigfaltigkeit ohnerachtet niemals fagen, daß es ein fchönes Gemälde fey: dann
aber würde es fchön feyn, wenn alle diefe Mannigfaltigkeit fo mit einander verbunden wäre, daß man
darinn fo gleich ein Ganzes erblickte.

Diefe Anmerkungen finden bey allen Gegenftän-
den, die in die Sinne fallen, ftatt.   Ein Gebäude,
eine Gruppe, ein mufikalifches Stück, ein Tanz, kurz
alle folche Dinge werden mehr oder minder fchön feyn,
je nachdem mehr oder weniger Mannigfaltigkeit darinn ift, und die Theile mehr oder weniger in Verbin-
. dung

---

den Spaßiergange dienet.   Allein es ift offenbar,
daß alsdenn das Wort fchön nur fo viel fagt, als
angenehm.   Das Angenehme aber folcher Gegen-
ftände kommt nicht von ihrer innerlichen Befchaffen-
heit, fondern von Nebenbegriffen her.

dung stehen. Mit einem Wort, es ist gewiß, daß keine Sache, die in die Sinne fällt, jemals schön genannt wird, wenn sie nicht Mannigfaltigkeit in der Einheit in sich begreift. Da das bekannt genung ist, so würde es überflüßig seyn, es noch mit mehrern Exempeln zu beweisen. Da aber die Ideen von Mannigfaltigkeit und Einheit, so fern sie in diese Materie einschlagen, noch wenig entwickelt sind, so will ich sie deutlicher zu machen suchen.

Man nimmt es durchgehends an, daß die Einheit eine wesentliche Eigenschaft des Schönen sey; worinn besteht sie? und was gehört dazu, wenn sie vollkommen seyn soll? Es ist klar, daß viele Dinge zusammen ein Ganzes ausmachen, so bald ein Subjekt vorhanden ist, das aus dem gemeinschaftlichen Beystande aller Theile entspringt, deren jeder das seinige dazu beyträgt, dieses Subjekt zu formiren. Kein Zimmer allein, noch auch viele zusammen machen ein Gebäude aus, sondern es müssen alle nebst den übrigen Theilen zusammen geordnet seyn, um es hervor zu bringen. Ich will das, was von allen Theilen ohne Unterschied bewirkt wird, das Interesse neunen, ob es wohl nicht die gewöhnliche Bedeutung dieses Worts ist. Es ist klar, daß die Einheit des Ganzen vollkommen seyn wird, wenn jeder Theil, so viel als möglich ist, zum gemeinschaftlichen Interesse beyträgt; und daß diese Einheit mehr oder weniger vollkommen seyn wird, je nachdem, so zu sagen, mehr oder weniger müßige Theile dabey sind, die nichts, oder nicht so viel, als sie wohl könnten, zum gemeinschaftlichen Interesse beytragen.

Zur

Zur Erläuterung wollen wir den menschlichen
Körper zum Exempel nehmen, der ein Ganzes ist,
das aus unendlich vielen Theilen zusammengesetzt ist.
Betrachtet man ihn nur in so fern, als er eine zu gewissen Verrichtungen bestimmte Maschine ist; so
werden eben diese Verrichtungen das seyn, was ich
das Interesse der Einheit nenne.   Ich sage also,
diese Einheit wird vollkommen seyn, wenn jeder Theil
des Körpers, die geringern sowohl als die vornehmsten, so viel ihnen nur nach ihrer Natur und Lage
möglich ist, zur Unterstützung des gemeinschaftlichen
Interesse beytragen.   Gäbe es Theile, die überflüßig
oder unrecht angebracht wären, so würde die Einheit
nicht mehr vollkommen seyn, weil das überflüßige
Glied nichts, und das unrecht angebrachte nicht so
viel zum gemeinschaftlichen Interesse beytragen würde, als wenn es recht angebracht wäre.   So ist uns
an einem Gebäude eine Säule, die nichts trägt, oder
eine sehr starke Säule, die nur eine kleine Last unter-
stützt, zuwider, weil sie die Einheit des Gebäudes
verderben.

Ich merke hier im Vorbeygehen an, daß es meh-
rere Einheiten in einem und demselben Gegenstande
geben, und er dadurch in mehrern Absichten schön
seyn kann.   Unser Körper dient uns wieder zum
Beyspiel.   Seine Figur ist ein Interesse, dazu jeder äussere Theil beyträgt.   Die Schönheit, die
auf dieser Einheit beruht, gehört zur Klasse der sinnlichen Schönheiten; und die Schönheit, die aus dem
Interesse der Verrichtungen seiner Theile entspringt,
gehört zur Klasse der bloß intellektuellen Schönheiten.

So

So hat auch ein Bildniß vielerley Schönheiten, die aus der Aehnlichkeit, der Zeichnung und dem Kolorit entstehen. Einerley Sache kann in einer Absicht schön, und in einer andern Absicht ungestalt und häßlich seyn.

Ich komme wieder auf meine vorhabende Sache. Die Einheit oder das Ganze zusammen genommen, setzt nothwendig die Menge der Theile voraus; und in dieser Menge muß Mannigfaltigkeit seyn, wenn uns die Sache schön scheinen soll. In der Mannigfaltigkeit giebt es, wie in der Einheit, unzählige Grade. So vollkommen aber auch die Einheit einer Sache, so groß auch die Menge ihrer Theile seyn mag, so hat sie doch nur wenig oder gar keine Schönheit, wenn ihre Theile sich ganz ähnlich sind. Ein Exempel wird dieß erläutern. Gesetzt, ein Gemälde stelle eine Menge Personen vor, die bey einem schrecklichen Auftritte zugegen sind. Wenn alle diese Personen auf einerley Art gekleidet, und ihre Gesichter, und Stellungen, ihre Art den Schreck durch Minen oder Geberden auszudrücken, beynahe einerley wären; so würde das Stück gewiß nicht schön seyn, wenn auch gleich jede Figur vollkommen wohl gezeichnet und gemalt wäre: es würde, eigentlich zu sagen, nichts anders als einerley Figur seyn, die als in einem vielseitigen Spiegel vielmals vorgestellt wäre. Wenn aber jede Person ihre eigene Manier und Stellung hätte, wenn jede durch ein eigenes Betragen und besondere Geberden ihren Schreck zeigte; so würde das Stück alsdenn schön seyn, man würde einerley Sache auf unendlich verschiedene Art erblicken.

Wir

Wir können also mit Gewißheit behaupten, daß das Wesen der Schönheit in den Dingen, welche die Sinne rühren, die zur Einheit gebrachte Mannigfaltigkeit sey; und wir wissen auch deutlich, was dazu erforderlich sey, daß die Einheit und Mannigfaltigkeit vollkommen sey. Die Grade der Schönheit zweener Gegenstände von einerley Art werden also im zusammengesetzten Verhältniß (in ratione composita) der Grade der Einheit und der Mannigfaltigkeit seyn, welche in jedem dieser Gegenstände herrschen. Ich will hiermit eben nicht so viel sagen, daß der Grad der Schönheit just genau im zusammengesetzten Verhältniß der Einheit und Mannigfaltigkeit eines Ganzen sey. Beyde Eigenschaften müssen zusammen kommen, um die Schönheit einer Sache auszumachen, aber sie kommen nicht in gleichem Grade zusammen. Mir scheint die Mannigfaltigkeit mehr zur Schönheit beyzutragen als die Einheit. Wenn man sich also der Zahlen bedient, die Grade der Vollkommenheit, welche man in der Einheit und Mannigfaltigkeit eines Ganzen wahrgenommen hat, auszudrücken, so muß man sich so ausdrücken: Der Grad der Schönheit, der daraus entspringt, ist im zusammengesetzten Verhältniß der einfachen Zahlen in Absicht der Einheit, und in Absicht der Mannigfaltigkeit im zusammengesetzten Verhältniß der Zahlen, die zu einer gewissen Potenz, die ich nicht bestimmen kann, erhöhet sind. (16)

Dieß

(16) Dieses ist etwas undeutlich. Es soll heißen:
Die Größe der Schönheit ist in zusammengesetztem
Ver-

Dieß gründet sich darauf, daß eine Menge verschiedener Dinge uns, wie mich dünkt, nicht so unerträglich wird, wenn ihnen die Einheit, als wenn ihnen die Mannigfaltigkeit fehlt. Vielleicht ist niemand, der nicht lieber auf krummen und bergigten Wegen, die mannigfaltige Veränderung geben, als auf ganz geraden Alleen reisen wollte, wo keine Veränderungen sind. Ein italiänischer Mönch verlohr die Lust nach Rom zu reisen, ob sie gleich sehr groß bey ihm gewesen war, als er gewahr wurde, daß er durch sehr lange ebene Alleen reisen müsse, die keine Veränderung darboten. Die gar zu große Einförmigkeit macht uns verdrüßlich, und Mannigfaltigkeit ohne Einheit stürzt uns in Verwirrung. Es würde sehr unnütz seyn, es noch umständlicher zu beweisen, daß das, was wir als das Wesen des Schönen angegeben haben, in allen den schönen Gegenständen, welche die Sinne oder die Einbildungskraft treffen, auch befindlich sey. Ich gehe zu den bloß intellektuellen Schönheiten über.

Wir brauchen nur das, was die intellektuellen Schönheiten vermehrt oder vermindert, zu untersuchen, wenn wir uns überzeugen wollen, daß die Schönheit der intellektuellen Gegenstände aus eben den Eigenschaften entspringt, die wir in den Schönheiten der Sinne gefunden haben. Wir wollen einen mathematischen Lehrsatz zum Exempel nehmen.

Der,

Verhältniß der Größe der Einheiten und einer gewissen Potenz der Größe des Mannigfaltigen.

Der, den ich anführen werde, wird zur Erläuterung
dieser Materie viel beytragen, und so, daß man
nichts weiter darinn verlangen wird. Es ist aber
derjenige Lehrsatz, der eine von den vornehmsten
Eigenschaften des Zirkels ausdruckt: daß nämlich
das Rektangulum von zwey-
en Theilen des Durchmessers
(AE x EB) oder (AE . EB)
jederzeit dem Quadrat der Per-
pendikularlinie, das ist, der
Hälfte der Sehne (CD), welche den Diameter in rechten
Winkeln durchschneidet, gleich

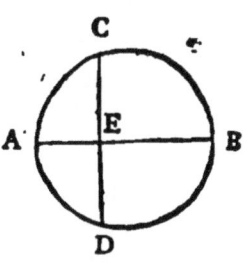

sey. Jedermann erkennet diesen Lehrsatz für sehr
schön. Nun ist es klar, daß seine Schönheit daher
rührt, daß er auf unendlich verschiedene Fälle angewandt werden kann. Die Sehne (CD) die auf
den Diameter perpendikulär fällt, kann durch eine
unendliche Menge verschiedener Punkte E gezogen
werden, und also verändern sich das Quadrat ihrer
Hälfte (CE) und das Rektangulum (AE x EB)
auf unendliche Weise, und bleiben sich doch immer
gleich. Diese Mannigfaltigkeit wird vermittelst des
Zirkels, wodurch sie determinirt sind, auf die Einheit gebracht. Man darf nur die Augen auf den
Zirkel werfen, um zu sehen, wie alles in dieser Menge
Ideen verbunden ist; man siehet darinn deutlich, wie
und warum das Quadrat sich in eben dem Verhältniß ändert, als sich das Rektangulum ändert, und
warum sie sich immer gleich sind.

D   Will

Will man sich völlig überzeugen, daß diese Mannigfaltigkeit in der Einheit wirklich die Schönheit dieses Lehrsatzes ausmacht, so darf man ihn nur mit diesem vergleichen, der mit ihm einerley, aber allgemeiner ist, das ist, wo eben die Einheit, aber mehr Mannigfaltigkeit ist: daß nämlich die Rektangula (AE x EB und CE x ED) von zwoen Sehnen, die sich durchschneiden, jederzeit gleich sind. Niemand wird läugnen, daß dieser Lehrsatz weit schöner sey als der vorhergehende. 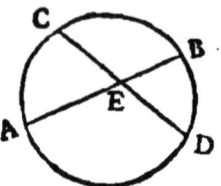 Es findet sich aber doch kein anderer Unterschied unter ihnen, als daß dieser allgemeinere in eben der vollkommenen Einheit mehr Mannigfaltigkeit in sich begreift. Denn hier sind die beyden Sehnen unbestimmt; und zweytens können sich auch die Theile der einen Sehne (CD), welche im vorhergehenden Lehrsatze immer einander gleich sind, hier gegen einander verhalten wie sie wollen; und endlich können auch die Winkel, welche an dem Punkte (E) sind, wo sich die Sehnen durchschneiden, unendlich verschieden seyn. Es erhellet also hieraus, daß eine größere Mannigfaltigkeit bey gleicher Einheit einem Lehrsatze einen höhern Grad der Schönheit ertheile.

Wenn man diesen letztern Lehrsatz noch allgemeiner machte, so würde auch seine Schönheit noch größer werden, wie man es aus folgendem ersehen kann: daß die Rektangula der beyden Theile der Sehnen,

Sehnen, die sich in einer Linie
der zwoten Ordnung durch=
schneiden, jederzeit unter sich
in beständig gleichem Ver=
hältniß sind. (AE x EB) ist
mit (CE x ED) in bestän=

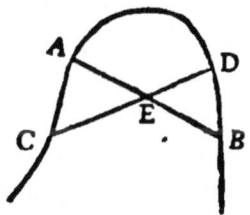

dig gleichem Verhältniß. Jedermann wird es zu=
gestehn, daß dieser Lehrsatz weit schöner ist, als die
beyden vorhergehenden. Doch ist er nur darinn von
jenen verschieden, daß er allgemeiner ist, daß er sich
auf alle Kegelschnitte erstreckt, und daß die erwähnte
Rektangula sich in unendlich verschiedenen Verhält=
nißen immer proportionirt sind. Diese zwo Be=
dingungen geben dem Lehrsatze in vieler Absicht eine
unendliche Mannigfaltigkeit. Denn eine unendliche
Menge Parabeln, und Hyperbeln, und Ellipsen sind
in diesem Lehrsatze enthalten; und doch ist die Ein=
heit vollkommen, weil alle diese unendliche Menge
krumuter Linien unter einerley Formel begriffen ist.

Die Anmerkungen, welche aus den Lehrsätzen
gezogen werden, können auch auf die algebraischen
Formeln angewandt werden, welche desto mehr
Schönheit haben, je mehr Mannigfaltigkeit sie ent=
halten. Aus dieser Ursache ist Neutons Lehrsatz
von der Erhöhung der binomischen Wurzel zu jeder
Potenz so schön, daß man nicht müde wird, ihn zu
bewundern. Die Algebra ist überhaupt an diesen
Arten von Schönheiten sehr fruchtbar; und das ist
eine der vornehmsten Ursachen, warum diese Wissen=
schaft für die, welche nur etwas darinn bekannt sind,
so große Reizungen hat. Dieser Art des Schönen

hat

hat auch die Geschichte der Natur, und vornehmlich
die Botanik, ihre Schönheit zu verdanken. Die
verschiedenen Gattungen der natürlichen Erzeugung,
welche wieder so viele verschiedene Arten unter sich
begreifen, sind gleichsam so viel Formeln oder all=
gemeine Kennzeichen, die eine große Menge beson=
derer Fälle in sich fassen, wo wir augenscheinlich die
Mannigfaltigkeit in der Einheit haben.

Dieß läßt sich noch auf alle andere Arten der
intellektuellen Schönheit anwenden. Außer den Lehr=
sätzen und Gattungen trift man Schönheiten in den
Grundsätzen, in den Vergleichungen, den Bildern,
den Metaphern, den Werken der Kunst von dieser
Art an, in so fern nämlich ein Plan, Entwürfe,
Systeme u. s. w. darinn befindlich sind. Ich wür=
de nicht fertig werden, wenn ich von jeder Art des
intellektuellen Schönen besonders beweisen wollte,
daß bloß die Mannigfaltigkeit in der Einheit sein
Wesen ausmacht. Es soll mir genung seyn, nur
die vornehmsten kurz zu berühren. Der Grundsatz
des großen Neutons von der allgemeinen Gravi=
tation oder Schwerkraft ist zum Entzücken schön.
Man braucht ihn aber nur zu kennen, um einzusehen,
daß seine Schönheit daher kömmt, daß man das
ganze System der Planeten daraus herleiten, und
die Bewegungen und Abweichungen aller Planeten
und ihrer Trabanten, nebst vielen andern Natur=
erscheinungen, daraus berechnen kann. Die Grund=
sätze des berühmten Leibnitz von der besten Welt,
und von dem allgemeinen Zusammenhange aller Be=
gebenheiten, sind nicht minder schön, weil sie über

unzählige

unzählige Fragen in der Philosophie und Sittenlehre
Licht verbreiten. Ein System ist um so viel schöner, aus je mehrern Sätzen es erbauet ist, und je
mehr diese Sätze mit einander verbunden sind. Ein
Werk der Kunst ist um so viel schöner, je vollkommener es ist; das heißt, je mehr alle Theile, daraus
es zusammengesetzt ist, zum Zwecke beytragen, und
je zahlreicher sie sind. Ein Gleichniß ist um desto
schöner, als alles, was darinn enthalten ist, zu
besserer Schilderung der verglichenen Sache abzielt.
Auf solche Weise kann uns wegen dessen, was von
allen Arten der Schönheit das Wesen ausmacht, kein
Zweifel übrig bleiben.

Diese Erklärung giebt uns sichere Grundsätze,
die verschiedenen Arten des Schönen mit einander zu
vergleichen. Denn man siehet, je mehr mannigfaltiges ein Gegenstand in der Einheit enthalten
kann, desto mehr Schönheit enthält er auch. Eine
bloße Vergleichung muß also auch nicht so schön
seyn als eine Allegorie; ein dramatisches Stück ist
nicht so schön als ein episches Gedicht; eine gewon-
nene Schlacht gegen einen versuchten und wohlge-
übten Feind ist schöner als eine kleine Unternehmung,
dazu wenig Umstände und Vorsicht gehören. Ein
ganzes System hat weit mehr Schönheit als ein einziger Satz. Da kein menschliches Geschäft so viel
mannigfaltiges in der Einheit erfordert als die Er-
richtung und Regierung der Staaten, kriegerische
Unternehmungen, und große politische Entwürfe;
so wird auch unter gesitteten Nationen nichts so sehr
bewundert, als große Handlungen von dieser Art,

D 3 weil

weil man eben darinn die größten intellektuellen
Schönheiten antreffen kann. Deswegen verdienen
und erhalten auch die Gesetzgeber, die Feldherren,
die Staatsmänner, den ersten Rang in der allgemei=
nen Hochachtung dererjenigen, welche den Werth
der Talente zu schätzen wissen. Aus eben der Ur=
sache sind die Homere und Virgile über die Horaze
und Sophokles; und ein historisches Gemälde wird
höher geschätzt als ein Bildniß. Aus eben der Ur=
sache finden sich auch die größten intellektuellen Schön=
heiten in den Werken der Natur. Da jedes Werk
mit unzähligen andern, und dadurch mit dem gan=
zen Weltall verbunden ist, was für eine unendliche
mannigfaltige Menge von den Regeln ist nicht erfor=
derlich gewesen, diese bewundernswürdige Harmonie,
die wir unter den Werken der Natur sehen, hervor
zu bringen? Kann wohl der schönste Plan, den das
größte Genie erdacht, und die vollkommenste Klug=
heit ausgeführt hat, mit dem geringsten Werke der
Natur an Schönheit verglichen werden? Doch ich
halte mich bey besondern Exempeln zu lange auf.

Ich habe zum Beweise dessen genung gesagt,
daß die Schönheit der bloß intellektuellen Gegen=
stände mit der Schönheit der äußern Gegenstände,
die für die Sinne und Einbildungskraft kommen,
gerade und vollkommen einerley sey. Eben die Ei=
genschaft, die uns zur Bewunderung eines schönen
Gebäudes, einer schönen Gegend, eines schönen Ge=
dichts hinreißt, wirkt auch das Vergnügen, das wir
aus einem schönen Lehrsatze oder aus einer schönen
Handlung ziehen. Und wenn wir über das, was

in

in uns vorgeht, indem wir solches Vergnügen genießen, nachdenken; so finden wir auch, daß es ein
und eben derselbe Instinkt ist, der in uns die Leidenschaft zur Poesie, zur Geometrie, zur Kriegskunst,
oder kurz, zu allen solchen Beschäftigungen erregt, die
nach ausgemachten Grundsätzen und scientifischen Regeln erlernt werden können.   Eben diese Beobachtung giebt uns das größte Exempel dieser Schönheit
in dem unvergleichlichen Kunststücke der Natur an
die Hand, welche durch einen und eben denselben
Instinkt, den sie allen Menschen eingeflößt hat, eine
so bewundernswürdige Mannigfaltigkeit von Geschmack, von Neigungen und Vergnügen, in jeder
einzelnen Person des menschlichen Geschlechts hervor
gebracht hat, daraus ein so harmonisch abgeändertes
Ganzes entsteht.   Die Natur bildet in einer und
eben derselben Form, wenn ich so sagen darf, bald
einen Alexander, bald einen Homer, bald einen Ar-
chimedes, kurz, alle noch so verschiedene Genies, die
wir auf der Welt antreffen.   Dieser so einfache
Grundtrieb bringt in jedem Menschen so mannigfaltige Vergnügungen hervor, daß er sich angenehm
damit beschäftigen könnte, wenn er auch unzählige
Jahrhunderte zu leben hätte!

Nachdem ich erkläret habe, worinn das Schöne
bestehe; so werde ich nun auch zu bestimmen im
Stande seyn, wie es die angenehme Empfindung
in der Seele hervorbringe.   Was ich von dem
Ursprung dieser Empfindung überhaupt in der vorhergehenden Abhandlung angemerkt habe, wird mir
zur Auflösung dieser besondern Aufgabe den Weg

bahnen.

bahnen. Ich habe daselbst gezeigt, daß die angenehme Empfindung aus der Lebhaftigkeit, womit der
Geist eine Menge Ideen, die sich ihm auf einmal
darstellen, und ihm die Erwartung erregen, daß er
sie werde entwickeln könnnen, ihren Ursprung nehme.
Wird diese allgemeine Erklärung vorausgesetzt, so
kann man leicht zeigen, daß jeder schöne Gegenstand
die erforderliche Eigenschaft hat, diese Lebhaftigkeit
des Geistes rege zu machen.   Ein solcher Gegenstand stellt eine Menge Ideen auf einmal dar, die
durch das Band der Einheit mit einander verbunden
sind; vermittelst dessen der Geist im Stande ist, sie
zu entwickeln, und alles, was in dem Gegenstande
verschieden ist, zu einem gemeinschaftlichen Mittelpunkte zu bringen. (17)   Wird nun die Seele diese
Menge mit einander verbundener Ideen, die sie
leicht entwickeln kann, so bald sie nur ihre Aufmerksamkeit darauf richten will, gewahr; so sieht sie diesen Gegenstand, wenn ich so sagen darf, als eine
Beute an, die ihren wesentlichen Geschmack befriedigen kann: sie fällt also mit Begierde darauf zu.
Das ist der Ursprung des Vergnügens, das durch
die Betrachtung des Schönen erregt wird.   Ein
Exempel wird meine Meynung in ein helleres Licht
setzen.   Gesetzt, ein Mensch, der keine Kenntniß
von der Astronomie hat, sieht den unendlichen Raum
des

(17) Die wirkliche Entwickelung des Mannigfaltigen
    ist zur Erweckung der angenehmen Empfindung gar
    nicht nöthig, aber man muß die Möglichkeit dersel-
    ben einsehen.   Denn nur dadurch erlangt die Man-
    nigfaltigkeit eine Einheit.

des Himmels, der mit unzähligen Firsternen erfüllet ist, zum erstenmal. Er wird von der Menge Gegenstände von verschiedener Größe, die er sieht, gerührt werden; allein da die ganze Idee, die er sich davon macht, sehr verwirrt ist, so wird auch der Eindruck, den dieser Anblick auf seine Seele macht, nicht lange dauern, weil er nichts darinn unterscheiden kann; und da der Geist diese große Menge Gegenstände nicht bearbeiten kann, so wird seine Wirksamkeit aufgehalten, und er zieht seinen Blick davon ab. Nun setze man, daß eben dieser Mensch auf einmal die Idee, welche ein sternkundiger Philosoph von der Welt hat, erhalte, daß er dieses Chaos aus einander bringen könne, und seine Einbildungskraft ihm, statt unordentlich durch einander geworfener Firsterne, so viel Sonnen mit ihren verschiedenen Planetensystemen, nebst ihren Bewegungen, die mit ihrer Entfernung vom Mittelpunkte allezeit in Proportion stehen, vor Augen stelle; so wird er ganz unbeschreiblich davon bezaubert seyn. Was ist aber zwischen dieser und der erstern Vorstellung für ein Unterschied? Kein anderer als nur der, der zwischen Ordnung und Verwirrung ist. Da die Anzahl der Gegenstände in beyden Fällen gleichsam unendlich ist, so besteht der Unterschied allein in der Verknüpfung der Ideen; in der Mannigfaltigkeit der letztern Vorstellung ist Einheit. Der Geist kann diese Ideen bearbeiten, und sich lange damit beschäftigen, alle die Mannigfaltigkeit, welche in dem ganzen Sÿstem herrscht, ausfindig zu machen.

Hieraus

Hieraus erhellet, daß das Schöne nur vermittelst dieses wirksamen Principiums der Seele, welches die Quelle aller Veränderung ist, die in unserm Innersten vorgehet, die angenehme Empfindung erwecke. Weder die Einheit, noch die Mannigfaltigkeit, noch die Harmonie der Theile in einer Sache können sie uns anders angenehm machen, als nur in so fern sie auf die thätige Kraft der Seele eine vortheilhafte Beziehung haben. Dieser ursprünglichen Kraft haben wir alles Vergnügen, das das Schöne in uns erregt, zu verdanken. Durch dieses so einfache Principium verbreitet die wohlthätige Natur so viel Annehmlichkeiten über unser Daseyn.

Die Richtigkeit dieser Erklärung kann man noch auf eine andere Art beweisen. Und zwar so: So oft eine verwirrte Idee deutlicher wird, so muß die Seele (nach den im ersten Abschnitt ausgemachten Grundsätzen) nothwendig Annehmlichkeit darüber empfinden. (18) Da nun jede Schönheit eine Menge besonderer Ideen in sich faßt, so erweckt sie so lange eine verwirrte Idee des Ganzen in uns, bis wir die Einheit gefunden haben, vermittelst welcher wir die Mannigfaltigkeit entwickeln können; und alsdenn wird die Idee des Ganzen (19), die anfangs nur undeutlich gewesen war, deutlich. (20)

Es

(18) Denn je weiter man einen Begriff entwickelt, je mehr verschiedene Dinge entdeckt man in demselben.

(19) Soll im Grundtexte heißen der Theile.

(20) Wer nicht genau Achtung giebt, der könnte meynen, daß der Verfasser sich selbst widerspricht. In

der

Es verhält sich hiemit wie mit optischen Bildern, die man unter Spiegel legt. Sie sehen als groteske Figuren aus, darinn man nicht die geringste Ordnung erblickt, bis man den Spiegel in den Mittelpunkt setzt; alsdenn nähern und vereinigen sich die zerstreuten Stücken in dieser Einheit, und was zuerst nur eine groteske Erdichtung zu seyn schien, erscheint nun als eine schöne Statue. Was hier der Spiegel thut, das ist auch die Wirkung der Einheit im Schönen.

Will man die Wahrheit dieser Erklärung empfinden, so darf man nur auf das, was in uns vorgeht,

der ersten Abhandlung fordert er ausdrücklich zur angenehmen Empfindung eine Undeutlichkeit in der Vorstellung, und hier fordert er Deutlichkeit: allein der Widerspruch ist nur scheinbar. Seine Meynung ist diese: Je deutlicher sich eine Sache dem Geiste darstellt, je mehr sieht er darinn, dieß ist offenbar. Aber die Menge der Dinge, die man in einem einzigen Gegenstande zusammenhängend erblickt, erwecken nur in so fern das Vergnügen, als der Geist wieder alles besondere zusammen wirft, um eine allgemeine undeutliche Vorstellung daraus zu machen. Ein Beyspiel kann dieses erläutern. Wer eine Uhr von außen ansieht, der sieht so wenig daran, daß ihm der Begriff derselben nicht viel Vergnügen machen kann. Wer aber ein Rad nach dem andern sich deutlich vorstellt, der hat auch von jedem dieser deutlichen Begriffe, für sich allein betrachtet, keine große Annehmlichkeit. Wenn er aber nun alle diese deutliche Begriffe wieder zusammen wirft, um den Begriff der Uhr daraus zu bilden, so sieht er ihre Schönheit ein, und alsdenn entsteht das Vergnügen.

vorgeht, wenn wir einen schönen Gegenstand sehen,
Acht haben. Er gefällt uns niemals eher, als bis
wir ihn für schön erkennen, das heißt, bis wir das
Mannigfaltige, was er enthält, entwickelt und in
einen Mittelpunkt vereiniget haben. Ein Unwissen=
der, der ein schönes Stück der Baukunst aufmerk=
sam betrachtet, sieht eben das, was der Bauver=
ständige daran sieht, mit dem Unterschiede, daß die
Idee, die er von dem ganzen Werke hat, gar zu
dunkel ist. (21) Er empfindet nicht viel Vergnü=
gen darüber. Man lehre ihn aber die Regeln der
Baukunst und die Reizungen richtiger Verhältniße,
die ihm behülflich sind, in der totalen Idee des
Werks, alles, was es besonders in sich begreift, zu
entwickeln; so wird er dasjenige bewundern, was
er vorher nur gleichgültig angesehn hatte.

Aus dieser Ursache gefallen uns auch die Werke
des Geschmacks und überhaupt das Schöne desto
besser, je mehr Leichtigkeit darinn herrscht. Wenn
die Verbindungen der Theile natürlich sind, ohne
daß man was gezwungenes darinn gewahr wird, so
ist es leicht, den Zusammenhang aller Theile zu ent=
decken; Stücke von dieser Art rühren außerordent=
lich, und sie haben das Vorrecht, so gar denen zu
gefallen, welche keine große Kenner solcher Arten
von Schönheiten sind. Man muß aber gestehen,
solche Stücke, wo die Natur selbst alle Verbindun=
gen

(21) Er sieht nämlich nur einen Klumpen, dessen ver=
schiedene Theile er nicht unterscheidet, noch viel we=
niger auf eine Einheit zurücke führet.

gen angegeben zu haben scheint, und die eben deswegen auch leicht scheinen, sind rar, und kommen
nur von Meisterhänden.

Ich kann mich nicht enthalten, dieses mit einer
Betrachtung, welche Plutarch über die Thaten des
Timoleon macht, zu erläutern. Nachdem er angemerkt hat, daß dieser große Mann nichts gethan
habe, das im Grunde die großen Thaten einiger andern griechischen Feldherren, als des Agesilaus und
des Epaminondas, übertreffe, so sagt er: In den
Thaten des korinthischen Feldherrn wäre doch so
was leichtes und natürliches gewesen, daß es ihnen
eine unvergleichliche Anmuth gegeben, und sie über
aller anderer Thaten hinausgesetzt hätte; worauf er
diesen scharfsinnigen Gedanken hinzufügt: »Wie uns
»die Gedichte des Antimachus und die Bildniße des
»Dionysius bey aller Stärke und bey allem Aus-
»drucke, den man daran findet, gleich zu erkennen
»geben, daß sie mit Arbeit und Mühe verfertiget
»sind; und hingegen die Gemälde des Nikomachus
»und Homers Gedichte bey allen andern Vollkom-
»menheiten und Annehmlichkeiten, daran sie reich
»sind, noch die Vollkommenheit haben, daß sie leicht
»gemacht zu seyn, und weder Mühe noch Arbeit ge-
»kostet zu haben scheinen: so verhält es sich auch mit
»den Thaten des Epaminondas und Agesilaus, wenn
»man sie mit des Timoleons Thaten vergleicht.
»Jenen merkt man es an, daß sie erzwungen und
»mit unzähligen Schwierigkeiten verrichtet sind; da
»man hingegen an diesen die Schönheit von einer
»glück-

»glücklichen Freyheit und unvergleichlichen Leichtigkeit
»begleitet sieht.« (f)

Diese Anmerkungen habe ich nicht für überflüßig
gehalten, ob sie wohl von meinem Hauptzwecke et=
was entfernt sind, weil sie meine Erklärung von den
Wirkungen der Schönheit erläutern und bestätigen.
Ich habe nun noch ein Paar beyzubringen, um eini=
gen Zweifeln zu begegnen, die man gegen meine
Theorie machen könnte. Ich will sie mit aller mög=
lichen Kürze vortragen.

Es giebt Schönheiten, welche außer den bisher
erklärten Eigenschaften, wodurch sie uns gefallen,
noch etwas besonderes an sich haben, welches das
Vergnügen, das sie erwecken, noch vermehrt. Das
thun die schönen Handlungen (g) bey dem, der sie
verrichtet; und die Aufgaben bey dem, der sie auf=
gelöst hat. Das Vergnügen kömmt nicht allein von
der Spekulation, sondern auch von dem glücklichen
Erfolge her; und das Vergnügen, das aus dieser
letztern Ursache entspringt, ist von dem ganz ver=
schieden, das die Schönheit durch sich selbst erregt,
ob es gleich in eben dem allgemeinen Grundtriebe
gegründet ist. Man bringt zwar bey der Handlung
eben so wohl als bey der bloßen Spekulation nichts
weiter als Begriffe hervor, aber mit dem Unterschiede,
daß diese Ideen, welche man im letztern Fall hervor
bringt,

(f) Plutarch im Leben Timoleons.
(g) Wenn ich in diesem Abschnitte von schönen Handlungen rede, so unterscheide ich sie von den guten
Handlungen, die eine moralische Schönheit haben,
davon ich im folgenden sprechen werde.

bringt, leeren Schatten gleichen, ·welche durch die
Seele gehen, ohne beynahe die geringsten Spuren
zurück zu laſſen; dahingegen die Jdeen, welche wir
bey der Handlung (in dieſem Sinne genommen)
hervorbringen, außer uns zur Wirklichkeit gebracht
zu ſeyn ſcheinen, und wir gewiſſer maßen derſelben
Schöpfer ſind. Es iſt alſo leicht zu begreifen, daß
eine That, eine Verrichtung, die Auflöſung einer
Aufgabe ſtärker auf uns wirken muß, die angeneh=
me Empfindung zu erregen, als die bloße Spekula=
tion. Jch komme wieder auf die Anmerkung, die
zu dieſer kleinen Ausſchweifung Gelegenheit gegeben.
Eine Sache kann durch mehr als eine Eigenſchaft
die angenehme Empfindung in uns rege machen, ob
gleich endlich alles in der einzigen Quelle alles Ver=
gnügens, nämlich in der Kraft der Seele, zuſam=
men kömmt.

Jch könnte kein merkwürdigeres Exempel an=
führen, wie verſchiedene Urſachen zuſammen kom=
men, eine angenehme Empfindung zu erregen, als
die reizenden Gegenſtände, welche die ſtärkſte und
angenehmſte unter allen Leidenſchaften, nämlich die
Liebe, erwecken. Die Schönheit, welche dieſe Lei=
denſchaft erweckt, erhält ihre Kraft von verſchiede=
nen Eigenſchaften. Wie Plato nicht ganz ohne
Grund zwo Arten der Liebe, eine, welche niedrig,
unruhig und irrdiſch, die andere, welche edler und
ſo gar göttlich wäre, unterſchieden hatte; ſo kön=
nen wir auch ſagen, daß die Schönheit, welche
beyde Arten der Liebe gleich ſtark erregt, auch aus
vielen ſehr verſchiedenen Arten zuſammengeſetzt ſey.

·Es

Es ist wirklich außer dem, was wir eigentlich Schönheit nennen, viel moralische Schönheit in der Idee
einer schönen Person.   Da sie uns nun zugleich das
größte sinnliche Vergnügen vorhält, und sich außer
dem die Begierde zum Genuß jederzeit in die Idee
von den moralischen Vergnügungen, und in die eigentlich so genannte Schönheit einmischt, so erregt sie die starke Leidenschaft, welche wir Liebe nennen; eine Leidenschaft, wo die Sinne, das Herz,
der Verstand und die Einbildungskraft sich allesamt
vereinigen, uns unzählige Güter zu versprechen.
Darf man sich also wohl verwundern, daß ihre Wirkung so erstaunlich sey?

Ich sehe noch einen Zweifel gegen diese Theorie
vom Schönen, den ich zerstreuen muß.   Man wird
es täglich gewahr, daß manche Dinge gewissen Leu-
ten sehr gefallen, die andere unerträglich finden.
Diese Verschiedenheit des Geschmacks erstreckt sich
auf alle Arten der Schönheit.   Einer bewundert einen Lehrsatz, den ein anderer sehr mittelmäßig findet.
Dieß Gemälde, diese Beschreibung, diese Vergleichung scheint diesem sehr mittelmäßig zu seyn, und
andere bewundern es hingegen.   Einer stirbt vor
Verlangen nach dem Besitz einer Person, die ein andrer
so unangenehm findet, daß er sie auf alle mögliche Art
vermeidet.   Wäre die Schönheit eine beständige und
unveränderliche Eigenschaft, hätte unser Geist eine
wesentliche Anlage, von aller Art der Schönheit angenehm gerührt zu werden, woher käme denn wohl
diese große Verschiedenheit im Geschmack? Ich gebe
das zur Antwort.   Da jede Art der Schönheit unendlicher

endlicher Grade fähig ist, so kann eine Sache, die
für und an sich wirklich schön ist, in Vergleichung
mit einer andern wenig Schönheit besitzen. Wenn
man nun nur solche Dinge zu sehen gewohnt ist, die
schon einen gewissen Grad der Schönheit haben, so
gewöhnt man sich nach und nach diesen Grad der
Schönheit, womit man schon bekannt ist, für das
Maaß des Schönen überhaupt zu nehmen; vergleicht man nun Schönheiten von geringerm Grad
mit diesem Maaße, so findet man das nicht darinn,
was man zu suchen schon gewohnt ist; der Geist
kann die Ideen, daran er gewöhnt ist, nicht hervor
bringen, das erregt nothwendig Mißvergnügen, und
man fällt das Urtheil: die Sache habe gar keine
Schönheit; da man doch nur sagen sollte: es sey
weit weniger schön als ein anderes. Ein Europäer, der in einer großen Stadt erzogen, und derselben gewohnt ist, wo das schöne Geschlecht mit
der natürlichen Schönheit alle Annehmlichkeiten des
Putzes und des Anstandes verbindet, würde, wenn
er auf die afrikanischen Küsten versetzt würde, das
dasige Frauenzimmer sehr häßlich und eckelhaft finden; doch sind sie es nur vergleichungsweise, denn
sie sind in der That für alle diejenigen schön, welche
die Gewohnheit nicht verleitet hat, einen höhern
Grad der Schönheit für die Einheit (22), darnach
man alle übrigen zu messen habe, anzunehmen.
Diese Anmerkung kann auf alle Arten der Schönheit angewandt werden; und die Anwendung ist so
leicht,

(22) Oder vielmehr für das Modell.

E

leicht, daß es unnöthig seyn würde, sich länger dabey aufzuhalten.

Ich habe die Art und Weise erklärt, wie das
Schöne die angenehme Empfindung in uns erregt:
eben diese Grundsätze können auch zur Erklärung der
gegenseitigen Wirkung der entgegen gesetzten Eigenschaft, nämlich der Häßlichkeit und Unordnung,
dienen, ohne daß man weitläuftig dabey zu seyn
nöthig hätte. Die Häßlichkeit entsteht vornehmlich
aus dem Widerspruche der Theile, die ein Ganzes
ausmachen. Man findet nicht allein keine Verbindung noch Harmonie darinn, welche in der Schönheit die Theile zur Bildung eines regelmäßigen Ganzen mit einander vereiniget; sondern die Wirkung
des einen Theils wird auch durch den andern zerstö-
ret, sie stoßen sich unter einander. Hier finden sich
zwo Hauptursachen, welche diese Dinge unangenehm machen. 1. Ist unser Geist seiner Natur
nach geneigt, alles, was er in einer Sache antrift,
zu entwickeln. So bald aber die Unordnung unter
den Theilen eines Ganzen herrscht, so verhindert sie
die Seele, ihrer Neigung zu folgen, sie verwickelt
sich in dieser Unordnung, ihre Wirksamkeit wird aufgehalten, und die Ursache davon muß ihr nothwendig mißfallen, wie ich es im ersten Abschnitte dieser
Untersuchungen umständlich erwiesen habe. Mit
dieser ersten Ursache verbinde ich eine andere, die
noch stärker ist. 2. Das Anschauen des Schönen,
von welcher Art es immer sey, gewöhnt uns an ein
gewisse Denkungsart, welche die Grundlage des Geschmacks ist. Ein Mensch z. E. der seit langer Zeit
nichts

nichts als schöne Gemälde, als die vom Watleau
oder Wowermann sind, gesehn hat, gewöhnt sich
nach und nach, an keinen andern Grad der Schönheit
als an denjenigen zu denken, den er in diesen bekann-
ten Gegenständen erblickt; er vergißt gleichsam, daß
es noch andere giebt, und nimmt folglich diesen zum
Maaß oder zur Einheit an. Wenn er nun ein Gemälde sieht, so treibt ihn die Gewohnheit, die Ausführung derjenigen Regeln darinn zu suchen, die er
in den schönen Gemälden, mit denen er sehr bekannt
ist, wahrgenommen hat: daß also sein Geist einen
bestimmten Hang hat, die Ideen nur auf eine gewisse Art zu entwickeln. Erlaubt ihm nun der Gegenstand, den er vor sich hat, dieses nicht, so wird
die Ordnung seiner Ideen dadurch gestört, und das
muß ihm nothwendig unangenehme Empfindung erwecken. Dieses Mißvergnügen ist dem Verdrusse
sehr ähnlich, das wir empfinden, wenn uns unüber-
steigliche Hindernisse abhalten, einen Entwurf, der
uns am Herzen lag, auszuführen; und je mehr wir
auf eine gewisse Art des Schönen vorzüglich begie-
rig sind, das heißt, je bestimmter und fester unser
Geschmack ist, desto empfindlicher ist dieses Mißvergnügen. Das sind, dünkt mich, hinlängliche Gründe,
die Wirkung zu erklären, welche das Anschauen der
Häßlichkeit in uns hervorbringt.

Zum Beschluß will ich einige allgemeine Betrachtungen beyfügen, die als Folgerungen aus dieser
Theorie fließen, damit ich von dem Nutzen, den man
aus solchen Untersuchungen ziehen kann, eine Probe
gebe. Denn ich weiß wohl, daß es Leute giebt, die

sie

sie lächerlich zu machen suchen, und behaupten, es
sey genung, allerley Vergnügungen zu genießen, und
sie mäßig zu gebrauchen, ohne daß man sich die
Mühe geben dürfte, ihre Quellen aufzusuchen. Aber
könnte man wohl den Ursprung und die Natur der
Vergnügungen wissen, ohne sie sich zu Nutze zu machen? Ich hoffe, daß ich in der Folge dieser Untersuchungen werde zu zeigen im Stande seyn, wie viel
wir durch eine genaue Theorie vom Vergnügen ge-
winnen. Unterdessen will ich einige Betrachtungen
darlegen, die es vorläufig glaubwürdig machen werden.

Ich habe bewiesen, daß die Wirkung des Schönen auf die Natur der Seele und auf die Natur der
Gegenstände gegründet ist; und hieraus folgt, daß
das Verhältniß, welches das Schöne gegen den
Geist hat, nothwendig, und folglich unverän-
derlich ist. Es wird nur eine einzige Bedingung
dazu erfordert, daß das Schöne seine Wirkung thue;
nämlich man muß es kennen, und zu dem Ende mit
der Gattung, dazu es gehört, einiger maßen bekannt
seyn, weil man außerdem nicht so gleich im Stande
ist, wie ich es schon weiter oben erwiesen habe, das
Schöne eines Gegenstandes wahrzunehmen. Wenn
also alle Menschen einerley Kenntniße hätten, so
hätten sie auch nothwendig einerley Geschmack; und
es würde über die Schönheit keinen Streit mehr geben. Zween große Meister in der Kunst zu malen
werden über Gemälde niemals verschiedener Meynung seyn, wenn sie sonst aufrichtig sprechen. Aus
der Verschiedenheit der Kenntniße und Einsichten
entsteht

entsteht also nur die Verschiedenheit des Geschmacks.
Jede verschiedene Gattung des Schönen macht, so
zu sagen, eine besondere Wissenschaft aus. Man
muß sie studirt haben, wenn man das, was sich für
sie schickt, beurtheilen will. Dieß ist eine Regel,
die man nicht gern in Acht nehmen mag. Man will
über alles urtheilen, und daher rühren die wider-
sprechenden Meynungen über alle Arten der Schönheit, welches zu dem irrigen Vorurtheil Anlaß gegeben hat, daß Schönheit und Geschmack willkühr-
lliche Dinge wären: und von da verfällt man zuweilen auf eine allgemeine Zweifelsucht, und behauptet
mit eben so vieler Kühnheit als Unwissenheit, daß
in der menschlichen Erkenntniß keine Gewißheit sey.
Die Verschiedenheit des Geschmacks findet nur unter
seichten und unwissenden statt; so wie die Zweifelsucht nur diejenigen einnimmt, welche die Regeln
der Logik nicht gründlich zu lernen wissen.

Diese Anmerkung führt mich natürlicher Weise
auf eine andere; daß nämlich der Geschmack eine
nothwendige Folge der Erkenntniß und Einsicht
ist. Je mehr man seine Erkenntniß bereichert, desto
mehr muß man auch nothwendig das Schöne unter
den verschiedenen Gestalten, darinn es sich gern ver-
birgt, empfinden. Wer sich auf eine einzige Wissenschaft, auf ein einziges Geschäfte, eingeschränkt
hat, verachtet gemeiniglich die übrigen, weil er von
den Schönheiten, die sich darinn befinden, keine
Kenntniß hat. Es ist nichts gewöhnlicher, als
daß man einen Soldaten, der nichts als seine Kunst
weiß, die Vergnügungen derjenigen verachten sieht,

die

die es im Studiren suchen; und ein Pedant, der
sich nur auf ein einziges Studium legt, verachtet
alle andere.

Will man nun die Zahl seiner Vergnügungen
und Ergötzlichkeiten vermehren, so fange man dabey
an, daß man seine Einsicht schärfe, und seine Erkenntniß erweitere. Man suche das Schöne allenthalben, so wird man es auch allenthalben finden.
Es ist unmöglich, daß man etwas lernen, und sich
nicht zugleich neue Quellen des Vergnügens eröfnen
sollte. Es giebt kein Geschäft und keine Lebensart,
welche nicht für die, denen es darinn gelingt, ein
unfehlbares Principium zum Vergnügen seyn sol-
te; indem jedes Geschäft seine allgemeinen Grundsätze, seine Lehrsätze und Aufgaben hat, die einer
intellektuellen Schönheit fähig sind. Der Hand-
werksmann, der Kaufmann, der Mechanikus, der
Ackermann, der Gelehrte und der Soldat haben jeder ein Geschäft, das ihm Vergnügen verschaffen
kann, wenn er es sonst nur recht versteht. Wäre
es einem einzigen Menschen möglich, alle Künste
und Gewerbe zu wissen und zu treiben, so würde er
die Vergnügungen, die unter die verschiedenen Stände des Lebens zerstreut sind, alle in sich vereinigen.

Von allen Maximen, die ich aus diesen Anmerkungen ziehen könnte, will ich nur eine einzige er-
wähnen. Man bestrebe sich aus allen Kräften, die
Kunst, die man treibt, es sey welche es wolle, recht
gut zu verstehen; denn dadurch wird man nicht allein
seine Fähigkeit zum Vergnügen vermehren, sondern
sich auch durch seine Geschicklichkeit gegen manchen

Ver-

Verdruß und manches Mißvergnügen sicher stellen, welches ein schlechter Erfolg nothwendig nach sich zieht. Was man von der Tugend sagt, daß sie ihre eigene Belohnung sey, kann auch von der Geschicklichkeit gesagt werden; sie belohnt diejenigen, die sie besitzen, durch sich selbst, indem sie ihnen unmittelbar eine große Menge Vergnügungen verschafft, die sie ohne dieselbe nie würden genossen haben. Ich bewundere hierinn die unnachahmliche Ordnung der Natur, worinn alles so mit einander verbunden ist, daß dasjenige, was zum besondern Nutzen am meisten dient, auch zum allgemeinen Nutzen eben so viel beyträgt. Die geschickten Leute und die tugendhaften Leute sind dem gemeinen Wesen am nützlichsten, und zugleich für sich selbst die glücklichsten.

Die Erkenntniß der Schönheiten der Einbildungskraft und des Verstandes, wovon in diesem Abschnitt die Rede ist, setzet, wenn sie empfunden werden sollen, einige Kenntniße und einen gewissen Grad der Uebung in der Kunst zu schließen voraus. Der gemeine Mann, der diese zwo Eigenschaften in keinem sehr vorzüglichen Grade besitzt, kann sich diese Schätze, die in dem großen Reiche der Wahrheit und der Natur verbreitet sind, nicht eben zu Nutze machen, und er überläßt sich den Vergnügungen der Sinne, die mehr nach seiner Fassung sind, und weiß beynahe gar nicht, daß es noch andere giebt. Die Völker, wo die Unwissenheit allgemein ist, sind dieser erhabenern Vergnügungen gänzlich beraubt. Nur die gesitteten und erleuchte-

ten

ten Nationen schwimmen, so zu sagen, in einem
Meer von Vergnügungen, und finden solche, die
sich für alle ihre Fähigkeiten, so wohl für die sinn=
lichen als für die intellektuellen, schicken.   Der alte
Philosoph hatte also große Ursache, den Göttern zu
danken, daß sie ihn einen Griechen und nicht einen
Barbaren, und lieber einen Athenienser, als einen
Bürger einer andern griechischen Stadt, hätten wer=
den lassen wollen.   Denn die Athenienser, welche
damals mehr Kenntniße als die übrigen Griechen hat=
ten, waren eben deswegen im Besitz mehrerer Ver=
gnügungen als die übrigen.

Wie viel sind wir also nicht denen großen Leu=
ten, diesen Freunden des menschlichen Geschlechts,
schuldig; welche die Nationen gesittet gemacht, wel=
che Künste und Wissenschaften erfunden haben, und
sie durch emsige Arbeiten und kostbares Wachen be=
reichern und vollkommener machen! Und was für
Ehrerbietung sind wir nicht den wohlthätigen
Monarchen und Vätern der Nationen schuldig,
deren vornehmste Sorge mit dahin gehet, ihre
Größe dazu anzuwenden, daß ihre Völker erleuch=
tet werden, Künste und Wissenschaften blühen, und
welche dadurch gleichsam neue Wege eröfnen, die an
Schönheit und Vergnügen unerschöpflich sind!

Ich habe gesagt, daß jede Wissenschaft und jede
Lebensart denjenigen, die sie wohl verstehen und sich
recht darauf legen, Vergnügen verschaffen könne.
Man muß aber nicht daraus folgern, daß sie es alle
in gleichem Grade werth sind, daß man sich darauf
lege.   Es ist ein sehr großer Unterschied unter ihnen.
Es

Es giebt Künste und Beschäftigungen, die beynahe keinen andern Nutzen haben, als daß sie denen, die sich damit zu thun machen, unmittelbares Vergnügen verschaffen. Von dieser Art sind einige abstrakte spekulativische Wissenschaften, die zwar angenehm sind, aber auf unsere übrigen Bedürfniße keinen Einfluß haben. Andere hingegen verschaffen uns außer dem unmittelbaren Vergnügen noch verschiedene andere. Dahin gehören diejenigen Beschäftigungen, wo das Vergnügen, das man unmittelbar daraus zieht, noch mit dem Ruhm und der Ausbreitung unsers Namens, mit dem Wohlstande, und was das vornehmste ist, mit der Dankbarkeit der Welt verbunden ist; und in diesem Falle übertreffen die mittelbaren Vergnügungen die unmittelbaren gar sehr. Es giebt endlich solche, welche denen zwar, die sie üben, ein unmittelbares Vergnügen geben, aber auch zugleich ihnen selbst oder andern schädlich sind. Dem Weisen gebührt es, allen diesen Arten ihren wahren Werth zu bestimmen, und diejenige, welche in aller Absicht die vortheilhafteste ist, zu wählen, wenn sonst die Wahl in seiner Gewalt steht.

Untersuchung
über den Ursprung der angenehmen und unangenehmen Empfindungen.
Dritter Abschnitt.
Von den Vergnügungen der Sinne.

Wenn der Mensch gestehen muß, daß er zur Klasse der Thiere gehöre, und die unvernünftigen

E 5 Thiere

Thiere in vielen Stücken als seines gleichen anzusehen habe; so kann er doch auch in vieler andern Absicht seinen Vorzug und wahren Adel beweisen, wodurch er auf einen höhern Rang gegründete Ansprüche
machen kann.

Alle Werke der Natur, vom Stein an bis zum
Menschen, sind so viel Maschinen, deren sich der Urheber der Welt zu Ausführung seiner Absichten bedient.　Umsonst würde sich unser Stolz von dieser
allgemeinen Bestimmung aller endlichen Wesen aus-
zuschließen suchen; unzählige Fälle und Begebenheiten zwingen uns, auch wider unsern Willen zu gestehen, daß wir mit allem Genie, mit aller Einsicht
und feinen Politik doch nur das Werkzeug und fast
ein blindes Werkzeug einer höhern Macht sind, welcher wir uns zu entziehen vergeblich bemüht seyn
würden.

Was aber den Menschen über seine Gespielen in
dem Dienste der Natur erhebt, ist dieses, daß alle
übrigen ganz blinde Werkzeuge sind, da es ihm hingegen zuweilen erlaubt ist, die geheimen Triebfedern,
welche die Natur braucht, um ihn in Bewegung zu
setzen, zu erkennen; und daß er sich derselben so gar
zu seinem eigenen Vortheil bedienen kann, wann er
das, was ihm ein höheres Gesetz befohlen hatte, aus-
übt: Oder sollte das auch nicht allezeit möglich seyn,
so hat er doch Einsicht genung, die allezeit weisen
und gütigen Absichten der Natur, dazu er großmü-
thig behülflich ist, zu erkennen; wenn er auch gleich
keinen andern Vortheil davon hat, als das Vergnügen,

gen, zur Beförderung des allgemeinen Interesse der
Natur freywillig beygetragen zu haben.

Je mehr der Mensch seine Fähigkeiten kennt,
welche eben so viel Triebfedern sind, die die Natur
in ihn gelegt hat, ihn in Bewegung zu setzen; desto
mehr kann er sie sich auch, so zu sagen, eigen machen,
und zu seinem Vortheile lenken. Einige Weltweisen haben angemerkt, daß wir nur in so fern frey
sind, als wir unsere Fähigkeiten kennen, und uns zu
Herren darüber machen; versäumen wir das zu thun,
so sind wir beynahe gar nicht von den unvernünftigen
Thieren unterschieden.

Ein Weltweiser kann sich also keine edlere Beschäftigung machen, als wenn er alle diese Triebfedern untersucht, weil wir uns dadurch von der
Knechtschaft der Natur befreyen, und freye Welt-
bürger werden. Diese Untersuchungen können uns
auch edle Empfindungen einflößen. Denn nur alsdann, wann man völlig überzeugt ist, daß uns alle
unsere Fähigkeiten aus weisen und gütigen Absichten
gegeben worden sind, unterwirft man sich den Be-
fehlen der Natur mit Vergnügen, und bestrebt sich
mit Freuden, alle seine Fähigkeiten vollkommener zu
machen und wohl anzuwenden.

Diese vorläufige Betrachtungen sind hinreichend,
Untersuchungen über die Natur und den Ursprung
unsrer Fähigkeiten, welche unnütz scheinen könnten,
zu rechtfertigen. Ich habe schon die Ehre gehabt,
einen Theil meiner Untersuchungen über diese Materie
der Akademie vorzulegen. Ich habe anfangs den
allgemeinen Ursprung aller unsrer angenehmen oder

unan-

unangenehmen Empfindungen, welche durchgehends
die Bewegungsgründe unsrer Handlungen sind, zu
entdecken gesucht.   Darauf habe ich gezeigt, wie
alle intellektuelle Vergnügungen, welche aus dem
Anschauen aller Arten von Schönheit entspringen,
aus der angezeigten Quelle ihren Ursprung nehmen.

Nun unternehme ich es, die Natur und den Ursprung der Vergnügungen der Sinne zu untersuchen;
dieser Vergnügungen, welche bey den mehresten Menschen der vornehmste Bewegungsgrund ihrer Handlungen, und zu den Handlungen der Thiere die einzigen Triebfedern sind.

Meine Absicht ist nicht, durch diese Spekulationen für die wollüstigen Gesinnungen der neuern Epikuräer eine Stütze, noch für die strengen Lehrsätze
der Stoiker eine Rechtfertigung zu finden.   Ich ge-
traue es mir zu sagen, daß ich von allem sektirischen
Vorurtheil frey bin.   Doch hoffe ich, daß diese Untersuchungen mir einige Anmerkungen verschaffen
werden, die den Werth dieser Vergnügungen zu bestimmen dienlich sind.

Da die Sinne die Werkzeuge der Vergnügungen sind, davon ich handeln will, so wird es nöthig
seyn, mit der Erklärung der Natur dieser sinnlichen
Werkzeuge den Anfang zu machen.   Wir wissen es
aus der Erfahrung, daß unsre Seele von allen
Veränderungen, die in der Welt vorgehen, nur diejenigen empfinden kann, welche gewisse Eindrücke
auf die Werkzeuge ihrer Sinne machen.   Es thut
zu unsern gegenwärtigen Untersuchungen nichts, daß
wir es wissen, ob das Gesetz, welches die Seele in
ihren

ihren sinnlichen Empfindungen den Bewegungen des
Körpers unterwürfig macht, eine nothwendige Folge
der Natur der Seele sey, wie es wahrscheinlich zu
seyn scheint; oder ob es nur eine willkührliche Ein-
richtung des Urhebers der Natur sey: genung, wir
haben von den Veränderungen, die in der Natur
vorgehen, nicht anders Kenntniß, als vermittelst
der Sinne. Was heißt das aber eigentlich, fühlen?
Wir pflegen zu sagen: wir fühlen die Gegenstände
oder ihre Eigenschaften, zum Exempel die Hitze; wir
hören jemand sprechen; wir sehen die Sonne; wir
riechen dieses oder jenes Räuchwerk. Wenn man
sich über die Bedeutung dieser Worte deutlich zu erklären sucht, so findet man, daß sie aufs höchste so
viel sagen: Wir haben Sensationen, d. i. starke
und lebhafte Vorstellungen von gewissen Dingen, die
sie durch Bewegungen, welche sie unsern sinnlichen
Werkzeugen eindrücken, in uns zu erwecken scheinen.
Wir sehen die Gegenstände, die wir fühlen, als die
Ursachen an, welche durch einen natürlichen Einfluß
unsere sinnlichen Werkzeuge rühren; und die Eindrücke, welche diese Werkzeuge empfangen, sehen wir
wieder als die physische Ursache unserer Sensationen
an. Die sinnlichen Werkzeuge mögen nun wirklich
unsere Sensationen hervor bringen, wie Aristoteles
behauptet; oder nach dem Urtheile des tiefsinnigen
Kartesius nur Anlaß und Gelegenheit dazu geben;
oder die Sensationen mögen nach der Meynung
des großen Leibnitz die Bewegungen der Sinne
durch eine vorbestimmte Harmonie begleiten; so
kann man sie doch allezeit als wirkende Ursachen der

Sen-

Senfationen betrachten, weil alles vollkommen so zu=
geht, als wenn sie es wirklich wären. Ich werde mich
also allezeit dieses Ausdrucks bedienen: daß die
Eindrücke der sinnlichen Werkzeuge die Senfa=
tionen in der Seele erregen oder hervor brin=
gen, ohne daß ich deswegen eins von den Systemen
annehme oder bestreite, die zur Erklärung der Ver=
einigung der Seele mit dem Körper erfunden sind.

Dieses vorausgesetzt, muß man die Ursache, oder
die Analogie oder den Anlaß zu den Sensationen
der Seele in den Eindrücken, welche die Sinne em=
pfangen, suchen.   Ich sage also, daß alle Sensa=
tion durch eine Bewegung der Nerven des Körpers
verursacht wird, und ich nehme zum Grundsatze
an: daß die Seele ohne eine analogische Bewe=
gung in den Nerven der Sinne keine Sensation
habe. Und damit ich über diesen Grundsatz keine
Dunkelheit zurück lasse, so erkläre ich mich über den
Ausdruck analogisch. Es enthält aber dieser Aus=
druck 1. daß die Lebhaftigkeit oder Stärke der Sen=
sation in der Seele allezeit der Größe der Bewegung
in den Nerven proportionirt ist. 2. So mannig=
faltig oder zusammengesetzt diese Bewegung ist, so
mannigfaltig müssen die Sensationen auch seyn, so
daß der geringste Unterschied, welcher die Verände=
rung des einen Sinnes von der in einem andern
Sinne unterscheidet, auch einen verhältnißmäßigen
Unterschied in den Sensationen der Seele hervor
bringen muß.

Nach diesem Grundsatze bemerke ich, daß das
Wesen der Sinne überhaupt in den Nerven besteht,
wie

wie das durchgängig angenommen wird. Die Sinne
sind wesentlich nur in der Empfindlichkeit und Lage
der Nerven unterschieden. Wie diese Nerven mehr
oder weniger gegen gewisse Bewegungen empfindlich,
oder denselben mehr oder weniger bloßgestellt sind;
machen sie auch die verschiedenen Sinne aus. Ein
Werkzeug der Sinne ist also nichts anders, als ein
System von Nerven, die so angebracht sind, daß sie
von den Materien Eindrücke empfangen können,
die geschickt sind, sie in diejenige Art der Bewegung zu setzen, welche zu seiner Sensation erforderlich ist.

Jeder Sinn hat eine schickliche Materie, welche
den Nerven ihr erforderliches Spiel ertheilt. Denn
jede in den Nerven erregte Bewegung bringt nicht
gleich eine Sensation hervor. Das Licht und der
Schall fallen auf den ganzen Körper, und können
folglich nur einige Bewegung in denjenigen Nerven
erregen, die an die äußern Theile des Körpers rei-
chen: doch werden nur diejenigen Nerven, die gegen
diese Materie in Proportion stehen, so davon in
Bewegung gesetzt, daß sie eine Sensation erregen.
Das Auge empfängt eben so wohl als das Ohr die
Eindrücke der Luft, welche den Schall verursachen,
ohne daß es der Seele etwas davon zu empfinden
giebt; und wenn die Zunge gegen das Licht gehalten
wird, verursacht sie nicht die mindeste Sensation,
ob ihre Nerven gleich unfehlbar davon gerührt werden. Jede Art der Nerven erfordert also ihren besondern Eindruck, und eine schickliche Materie, diesen Eindruck hervor zu bringen.

Diese

Diese für jede Art der Nerven schickliche Materien werden mir die Unterscheidungszeichen der Sinne an die Hand geben. Ich nenne denjenigen Nerven subtil oder grob, deren schickliche Materie so beschaffen ist; ob ich gleich deswegen nicht behaupten will, daß die Nerven für und an sich subtil oder grob sind. In diesem Verstande sind die optischen Nerven die subtilsten, indem das Licht, ihre schickliche Materie, von allem, was unsere sinnlichen Werkzeuge rührt, das subtilste ist. Die Gehörnerven haben den zweyten Rang, weil die Luft nächst dem Lichte die subtilste Materie ist; hierauf kömmt der Geruch und der Geschmack; und der Sinn des Gefühls hat in diesem Verstande die gröbsten Nerven.

Die in den Nerven erregte Bewegung muß mit der Größe des Stoßes, welche die Materie verursacht, in Propprtion stehn, und die Größe der Sensation ist jederzeit, nach dem ersten Grundsatze, mit der Größe der Bewegung der Nerven proportionirt. Die Größe der Sensation werde ich im folgenden Empfindlichkeit oder Lebhaftigkeit nennen.

Wenn wir also die verschiedenen Größen der Bewegung in den verschiedenen Sinnen mit einander zu vergleichen im Stande wären, so könnten wir auch die Proportion der Empfindlichkeit von jeder Art der Sensation genau bestimmen. Diese Bestimmung setzt zweyerley voraus, nämlich die Quantität der Materie, welche den Sinn rührt, und zweytens ihre Geschwindigkeit. So viel kann man überhaupt von der Bewegung, die in den Nerven vorgeht,

vorgeht, sagen; und es verlohnt sich der Mühe, es etwas genauer zu untersuchen.

Die Wirkung der Materien auf die Werkzeuge der Sinne scheint uns eine anhaltende Wirkung zu seyn; wir stellen sie uns als eine Art eines ununterbrochenen Drucks vor. Ein Schall z. E. scheint die Nerven, so lange als er dauert, ohne einige Unterbrechung zu rühren. Man weiß es aber durch zuverläßige Untersuchungen, daß dasjenige, was uns ein Druck oder eine ununterbrochene Wirkung zu seyn scheint, nur eine abgebrochene Folge von Stößen oder Schlägen ist, die so nahe auf einander folgen, daß wir den Zwischenraum nicht bemerken. Denn wie das Auge gar zu kleine Entfernungen nicht unterscheiden kann, und sich zwey Theilchen Materie, die sehr nahe an einander sind, ohne sich doch zu berühren, als dicht zusammen liegend vorstellt; so können wir auch die Zwischenräume der Zeiten, so bald sie von einer gewissen Kürze sind, nicht mehr wahrnehmen. Eben so scheint uns auch der Schall eine einzige fortdaurende Bewegung zu seyn, ob er gleich nur in einer unendlichen Menge wiederholter Schläge oder Stöße besteht.

Eben so verhält es sich mit dem Lichte. Die Bewegung, welche die Nerven des Auges empfangen, ist nichts anders als eine unendliche Menge Stöße, die mit großer Schnelligkeit auf einander folgen. Dieses wird jedermann in Absicht dieser beyden vornehmsten Sinne zugestehn.

In Absicht der übrigen Sinne ist es sehr schwer, die Art und Weise recht zu bestimmen, wie sie von

F ihren

ihren schicklichen Materien gerührt werden. Aller Wahrscheinlichkeit nach sind sie hierinn mit den beyden vornehmsten Sinnen gleichartig. Wie würde man auch wohl die Wirkung der Geruch-erweckenden Materien, oder der Säfte, die die Zunge rühren, anders als durch eine Folge von Schlägen erklären können? Eine einzige Partikel, die nur einmal rührt, kann nur eine augenblickliche Sensation erwecken; und es werden nothwendig wiederholte Schläge erfordert, der Sensation eine merkliche Dauer zu geben. Man kann auch nicht sagen, daß die Nerven in eine zitternde Bewegung gesetzt werden, darinn sie eine merkliche Zeit blieben; denn die Nerven sind keine gespannte Saiten, noch steife Körper. In solchem Fall würde sonst ein einziger augenblicklicher Eindruck dauerhafte Sensationen hervor bringen, welches doch wider alle Erfahrung ist. Denn so bald man das Auge verschließt, so bald man das Ohr verstopft, so hören auch die Sensationen auf; da sie doch fortdauern würden, wenn die Nerven eine merkliche zitternde Bewegung hätten. (g)

Auf

(g) Diese Hypothese scheint durch eine ganz merkwürdige Erfahrung bestätiget zu werden. Wenn man zwey Stücken Metall, ein bleyernes und ein silbernes, so mit einander vereiniget, daß ihre Ränder eine Fläche ausmachen, und man bringt sie an die Zunge, so wird man einen gewissen Geschmack daran merken, der dem Geschmack des Eisenvitriols ziemlich nahe kömmt, da doch jedes Stück besonders

Auf diese Anmerkungen gründet sich mein zweyter allgemeiner Grundsatz, daß nämlich jede totale Sensation aus einer großen Menge augenblicklicher Sensationen zusammengesetzt ist, die mit solcher Geschwindigkeit auf einander folgen, daß sie die Augenblicke der Zeit, welche zwischen zweyen Schlägen sind, nicht bemerken lassen.

Folgt man nun diesen beyden Grundsätzen, so scheint es mir nicht mehr schwer zu seyn, die Verschiedenheit der Sensationen zu erklären, noch die Eigenschaften zu finden, die sie angenehm oder unangenehm, sanft oder schmerzhaft machen. Wir wollen erst die Sensationen in einfache und zusammengesetzte eintheilen. Ich nenne diejenige eine einfache Sensation, welche durch fortdaurende Eindrücke von gleicher Stärke, als z. E. durch einen einförmigen Schall oder eine einfache Farbe verursacht wird. Die zusammengesetzten Sensationen werden durch viele verschiedene Eindrücke verursacht, die zugleich wirken; als wenn man z. E. viele Töne zu gleicher Zeit hört.

F 2

Die

ders nicht die geringste Spur von diesem Geschmacke hat. Nun ist es nicht wahrscheinlich, daß bey dieser Vereinigung der beyden Metalle, von dem einen oder dem andern eine Auflösung vorgehe, und die aufgelöseten Theilchen in die Zunge eindringen. Man muß also schließen, daß die Vereinigung dieser Metalle in einem von beyden oder in allen beyden eine zitternde Bewegung in ihren Theilchen verursache, und daß diese zitternde Bewegung, welche nothwendig die Nerven der Zunge rege machen muß, oberwähnten Geschmack hervor bringe.

Die einfachen Sensationen geben uns zwey Dinge zu unterscheiden; nämlich 1. die augenblicklichen Eindrücke an sich selbst; und 2. die Natur ihrer Folge.

Da die augenblicklichen Eindrücke nur einfache Stöße sind, so läßt sich nichts darinn unterscheiden als die Quantität der Bewegung, die sie mehr oder weniger stark macht. Ich will die Empfindung, welche die Seele von einem augenblicklichen Eindruck - hat, die Momente der Sensation nennen. (23) Da nun diese Augenblicke nur nach ihrer Quantität verschieden seyn können, so ist es klar, daß es nur einfache Empfindungen sind, die mehr oder weniger merklich sind.

Wir finden also in den Momenten der Sensation nichts, das sie angenehm oder unangenehm machen könnte, als nur so fern es die Lebhaftigkeit thun kann. Nun ist es klar, daß das auf die Umstände ankömmt, und auf keine absolute Art entschieden werden kann. Wenn ein Mensch z. E. eine Zeitlang in einem Zustande schwacher Empfindungen gewesen ist, so kann ihm eine starke Sensation nicht anders als unangenehm seyn. Dieß geschicht z. E. wenn man durch ein großes Geräusch aufgeweckt wird.

Diese

(23) In dem Grundtexte steht *moment de sensation*. Ein Ausdruck, den der Verfasser aus der Mechanik genommen hat, und der mit dem Ausdrucke moment d'impulsion eine Aehnlichkeit hat, dieser aber bedeutet eigentlich die Wucht eines Körpers, der einen andern fortstößt.

Diese starke Sensation, welche auf einmal auf sehr schwache Empfindungen folgt, ist unangenehm, sie würde es aber im Stande des Wachens nicht seyn.

Diese Momente können so stark seyn, daß sie die Nerven nicht bloß rühren, sondern erschüttern; und alsdenn theilt sich die Bewegung auch andern Nerven mit, und verbreitet sich durch einen großen Theil des Körpers, oder durch das ganze Nerven= system. Alsdenn fühlt die Seele eine unendliche Menge Schläge auf einmal, und sieht sich gleich= sam von unzähligen Orten zugleich heftig angegriffen, daraus eine Verwirrung entsteht, die sehr unange= nehm ist, wenn sie gar stark ist. Aus dieser Ursache kann man, wie mich dünkt, die Unannehmlichkeit er= klären, welche alle gar zu starke Sensationen, ja selbst diejenigen, die sonst angenehm sind, begleitet. Man weiß es, daß alle heftige Sensationen etwas unangenehmes an sich haben.

Dieß bringt mich auf eine andere Anmerkung, die mir sehr wichtig zu seyn scheint; weil sie von der Verschiedenheit des Geschmacks, die aus den Tem= peramenten herrührt, den Grund angiebt. Man weiß, daß ein Mensch von starker Leibesbeschaffenheit, der viel Lebhaftigkeit hat, gegen die Vergnügungen der Sinne gemeiniglich empfindlicher ist, als gegen die übrigen Vergnügungen. Wenn man annimmt, daß der Unterschied der Temperamente in der größern oder mindern Empfindlichkeit der Nerven besteht, so fließt die Erklärung von der Verschiedenheit des Ge= schmacks sehr natürlich aus den bewiesenen Grund= sätzen. Ein Mensch von starkem Temperament em=

pfindet

pfindet alles lebhafter als ein anderer.   Die Stärke
der Sensationen ist ihm durch die Gewohnheit natür=
licher geworden.   Diese Lebhaftigkeit muß sich na=
türlicher Weise auf die Seele fortpflanzen, welche
aus dieser Ursache allezeit die lebhaftesten Vergnügun=
gen, d. i. die Vergnügungen der Sinne vorzüglich
lieben wird; ja sie wird so gar eine größere Lebhaf=
tigkeit in den übrigen Vergnügungen, die nicht von
den Sinnen herrühren, suchen, als ein Tempera=
ment, das nicht so lebhaft ist.

Diese einzige Betrachtung von den augenblick=
lichen Eindrücken giebt uns wiederum Grundsätze an
die Hand, die Sinne in Absicht der Lebhaftigkeit der
Sensationen, die sie erregen, unter sich zu verglei=
chen.   Die Erfahrung belehrt uns, daß die Lebhaf=
tigkeit der Sensationen in der Proportion wächst,
als die Nerven gröber sind.   Das Gesicht wird am
wenigsten lebhafte Sensationen hervorbringen, und
der Sinn des Gefühls die stärksten; die übrigen
Sinne erregen Sensationen, die mit der groben Be=
schaffenheit ihrer Nerven, oder ihrer schicklichen Ma=
terien in Proportion stehen.   Was will das Ver=
gnügen, das uns die Farben des Regenbogens ver=
ursachen, gegen dasjenige bedeuten, das die Harmo=
nie in uns erregt? Und wie schwach ist das Vergnü=
gen des schönsten Koncerts (24) in Vergleichung mit
dem=

(24) Nämlich in so fern es nur als eine Harmonie
vieler Töne betrachtet wird.   Denn von dem Aus=
drucke oder dem sittlichen der Musik scheinet hier
nicht die Rede zu seyn, sondern nur von dem bloß
sinnlichen.

demjenigen, das ein weit gröberer Sinn in uns hervorbringt? Die Vergnügungen der feinern Sinne gleichen hierinn einem sanften Zephir, und die Vergnügungen des Gefühls einem heftigen Winde, dem man nur mühsam widerstehen kann. Eben so verhält es sich mit der Lebhaftigkeit der unangenehmen Sensationen. Weder das Auge, noch das Ohr, noch der Geruch können jemals von einem Gegenstande so verletzt werden, daß sie der Seele die Empfindung von dem, was man Schmerz nennt, erwecken sollten; sie können sehr unangenehme Empfindungen, oder einen starken Abscheu erregen, aber der Sinn des Gefühls kann allein Schmerzen verursachen. Die Ursache davon ist handgreiflich. Die subtilesten Sinne sind diejenigen, welche durch die subtilesten Materien gerührt werden, die folglich nur schwache Eindrücke auf die Nerven machen können; und diese Eindrücke können folglich nur sehr sanfte Sensationen hervorbringen. Wenn also die Nerven des Auges auf eine ganz ähnliche Weise gerührt würden, wie ein anderer Gegenstand auf einen andern Sinn wirkt; so würde das Vergnügen oder Mißvergnügen, das man in beyden Eindrücken empfände, sich gegen einander eben so verhalten, wie die Quantität der Bewegung, die in den Nerven hervor gebracht worden. Wären wir nun im Stande, die Massen der für die Sinne schicklichen Materien, und die Geschwindigkeit ihres Stoßes zu erkennen, so könnten wir auch die Proportionen von der Lebhaftigkeit der Sensationen, welche die Sinne erregen, geometrisch bestimmen. Gesetzt z. E. die besondern

F 4 Massen

Maſſen des Lichts und des Schalls wären wie m zu
M, und ihre Geſchwindigkeiten wie V zu v; ſo würde
die Lebhaftigkeit des Geſichts ſich gegen die Lebhaftigkeit des Gehörs wie V^2m zu v^2M verhalten. (h)

Wenn man dieſes wohl verſteht, ſo wird man
auch finden, daß die Idee von einer Muſik der Augen, der vollkommenen Aehnlichkeit ohnerachtet, die
zwiſchen den Farben und Tönen iſt, nicht viel ſagen
will, weil die Wirkung dieſer Muſik jederzeit unendlich ſchwächer ſeyn wird, als die Wirkung der wahren Muſik. Wenn man aber nach der Analogie
dieſer Idee für die andern Sinne, für den Geruch
und

(h) Wenn es die Zeit erlaubte, ſo ſchickte es ſich hier
wohl, die Meynung einiger Philoſophen von der
Geſchwindigkeit des Lichts zu widerlegen. Sie geben die Geſchwindigkeit der Fortpflanzung des Lichts
für die abſolute Geſchwindigkeit eines jeden Theil-
chens an, und machen dadurch dieſe Geſchwindigkeit beynahe unendlich, ſo daß der Ausdruck V^2m
weit größer ſeyn würde als v^2M. Und hieraus
könnten ſie gegen meine Theorie einen Einwurf her-
nehmen. Mich dünkt aber, man habe nur einen
Augenblick Aufmerkſamkeit nöthig, um zu erkennen,
daß man aus der Geſchwindigkeit der Mittheilung
der Bewegung nicht auf die abſolute Geſchwindigkeit der Theilchen ſchließen könne. Ich will es
wohl zugeben, daß die Lichttheilchen das Auge mit
mehrerer Geſchwindigkeit treffen, als die Lufttheil-
chen das Ohr durch den Schall treffen; ich läugne
aber, daß es in eben dem Verhältniß ſey, das man
zwiſchen der Fortpflanzung des Lichts und des
Schalls beobachtet.

und für das Gefühl, eine Musik erfinden könnte, so
bin ich versichert, daß sie eine erstaunliche Wirkung
thun würde. Alsdenn würde nichts leichter seyn,
als die Menschen alle Augenblicke in die allerlebhaf-
testen Sensationen zu versetzen. Aber eine Aufgabe
von dieser Art gehört weit eher für einen ausgelern-
ten Wollüstling als für einen Philosophen. Vielleicht ziehen wir itzt wirklich ohne diese weit herge-
suchte Erfindungen alles das Vergnügen von den
Sinnen, das nur uns in Bewegung zu setzen nöthig
ist; und vielleicht würde man die Vergnügungen einer höhern Art aus den Augen verlieren, wenn man
ihre Zahl oder Lebhaftigkeit vermehren könnte.

Hier gerathe ich noch auf eine ganz merkwürdige Anmerkung über die Verschiedenheit der Sinne.
Diejenigen, welche die schwächsten Eindrücke auf die
Seele machen, sind auch die, welche sich dem geisti-
gen Wesen am meisten nähern. Die bloß intellektuellen Ideen rühren weit weniger als die Sensationen; aber sie sind deutlicher, und eben dadurch ist
es leichter, sich derselben mit Hülfe des Gedächt-
nißes wieder zu erinnern, welches sie uns tausend
mal, und immer mit eben der Klarheit, die sie ur-
sprünglich hatten, vorstellen kann. Die Sensationen von den Farben rühren lebhafter als die intellektuellen Ideen; die Einbildungskraft aber bringt
sie nicht wieder so leicht in die Seele zurück, als
jene Ideen; und diese Sensationen vom zweyten
Range, wenn ich sie so nennen darf, rühren weit
weniger als die wirklichen Sensationen. Der Regenbogen, den ich mir durch die Einbildung vor-

F 5 stelle,

stelle, macht in Vergleichung des wirklichen Regen=
bogens nur schwache Eindrücke auf mich. Je wei=
ter man nun zu den geringern Sinnen herabsteigt,
desto schwerer findet man es auch, sich durch die
Einbildungskraft die vergangenen Sensationen vor=
zustellen, welche diese gröbern Sinne hervorgebracht
haben. Man erinnert sich leichter eines Tons als
eines Geruchs, des Geschmacks von einer gewissen
Frucht leichter, als einer Sensation des Gefühls.
In der Sommerhitze hält es sehr schwer, sich das
Frieren des Winters etwas lebhaft wieder vorzu=
stellen; und zwischen dieser Idee des Frierens und
der Sensation selbst von diesem Zustande ist beynahe
ein unendlicher Unterschied. Hieraus sieht man, wie
sich die Sinne nach und nach erheben, um sich, so
viel als möglich, der geistlichen Natur zu nähern.
Die Natur hat es sehr weise so eingerichtet, daß
die sinnlichen Vergnügungen nicht so gut durch die
Einbildungskraft in die Seele zurück geführt, als
die intellektuellen Vergnügungen durch das Gedächt=
niß wiederholt werden können; und daß man sich
der schwächsten Sensationen leichter wieder erinnern
kann, als derer, die lebhafter sind. Was würde
uns antreiben, uns zum Genuß der intellektuellen
Vergnügungen fähig zu machen, wenn es so leicht
wäre, sich die sinnlichen Vergnügungen in so großem
Ueberfluß und um einen so guten Preiß zu verschaf=
fen? Würde sich der Mensch wohl jemals ohne diese
Armuth an sinnlichen Vergnügungen sonderlich weit
über die unvernünftigen Thiere erhoben haben? Doch
ich kehre wieder zur vorhabenden Materie zurück.

Alle

Alle Anmerkungen, die ich bisher gemacht habe,
sind aus der Betrachtung der Momente der Sensationen, und der feinen oder groben Beschaffenheit
der Sinne gezogen. Diese Momente haben mir
nichts zur Erklärung der Annehmlichkeit oder Unannehmlichkeit der Sensationen an die Hand gegeben,
indem diese Eigenschaften gar nicht von der Quantität der Sensationen abhängen. Nun will ich den
Unterschied der Sensationen, der von der Folge der
Momente herrührt, untersuchen; vielleicht werden
wir da die Ursache des angenehmen. oder unangenehmen finden. Diese Folge kann entweder einförmig
oder abgeändert seyn. Ich nenne das eine einförmige Folge, wo die Eindrücke, welche die Nerven
empfangen, in gleichen Zwischenräumen und mit
gleichen Kräften auf einander folgen; (so wie z. E.
die zitternden Schläge einer Saite, die gleichzeitig
sind,) und diejenige nenne ich mannigfaltig oder abgeändert, wo die Eindrücke in ungleichen und ver-
änderten Zwischenräumen auf einander folgen, oder
wo zwar die Folge in Absicht der Zwischenräume
einförmig, in Absicht der Stärke der Momente aber
verändert ist.

Die einfachen und einförmigen Sensationen
können nur in der Geschwindigkeit der Folge unterschieden seyn, welche eine Verschiedenheit in den
Sensationen verursacht. Wir wissen z. E. daß ein
Ton schärfer ist als der andere, je nachdem die zitternden Schläge des schallenden Körpers mit mehr
oder weniger Geschwindigkeit auf einander folgen.
Ein Ton ist um eine ganze Oktave höher als der
andere,

andere, wenn die Zahl der zitternden Schläge der
Saite in einerley Zeit doppelt so groß ist, als die
Zahl der Schläge einer andern Saite; und aller
Wahrscheinlichkeit nach ist eine Farbe, wie Herr
Euler muthmaßet, mehr oder minder lebhaft, je
nachdem die Folge der zitternden Schläge, wo-
durch sie hervor gebracht wird, mehr oder weniger
schnell ist.

Diese einförmigen Sensationen müssen der Seele
eben deswegen, weil sie regelmäßig sind, nothwendig angenehm seyn.   Die Seele empfindet zwar
diese regelmäßige Folge nur undeutlich, sie empfindet sie aber nach unserm ersten Grundsatze doch nothwendig, und es ist unmöglich, daß zwo verschiedene
Folgen einerley Sensation hervor bringen sollten.
Da eine einförmige Folge Schönheit hat, wie man
es aus den im vorigen Abschnitt erwiesenen Grundsätzen gesehen hat, so muß die Seele auch diese
Schönheit, wiewohl undeutlich, empfinden; und
folglich kann auch keine andere als eine angenehme
Empfindung dadurch erwecket werden.   Diese Annehmlichkeit kann zwar nicht groß seyn, weil keine
Mannigfaltigkeit da ist, welche doch die Seele des
Schönen ausmacht.   Mich dünkt, die Annehmlichkeit einer einfachen und einförmigen Sensation muß
derjenigen gleich seyn, welche die Seele empfindet,
wenn sie sich eine gerade Linie vorstellt, nur daß die
erstere lebhafter seyn muß, wie ich schon oben angemerkt habe.   Die Töne der Saiten und die einfachen Farben erregen diese Sensationen, und man
wird allezeit finden, daß sie angenehm sind, ob
wohl

wohl die Annehmlichkeit in Vergleichung mit derjenigen, welche ein verbundenes Syſtem von Tönen
oder Farben erregt, ſehr ſchwach iſt. Aus eben
der Urſache wird die Lebhaftigkeit desjenigen Vergnügens, das eine einfache und einförmige Senſation, welche durch das Gefühl hervorgebracht worden, erregt, diejenige, welche aus einem Schalle
entſteht, (wenn ſonſt alle übrige Umſtände gleich
ſind,) in eben dem Verhältniß übertreffen, als ſich
der Sinn des Gefühls gegen das Gehör in Abſicht
der gröbern Beſchaffenheit verhält.

Außer der Einförmigkeit in dieſen Senſationen
können wir noch die Geſchwindigkeit der Folge un-
terſcheiden, welche auch was dazu beyzutragen
ſcheint, uns die Senſation mehr oder weniger angenehm zu machen. Die Seele muß, wie mich
dünkt, eine ſchnellere Folge einer andern, die nicht
ſo ſchnell iſt, vorziehen; weil ihre natürliche Wirkſamkeit beſſer dabey ihre Rechnung findet; weil ſie
mehr mit fortgeriſſen wird, woraus, wie ich es im
erſten Abſchnitt bewieſen habe, alle Annehmlichkeit
entſteht. Dieſem zu Folge müſſen wir, wie mich
dünkt, einen hohen Ton einem tiefern, und eine
lebhafte Farbe einer dunklern vorziehen. Doch
muß dieſe Geſchwindigkeit ihre Gränzen haben, wenn
ſie dieſe überſchritte, würde ſie aufhören, angenehm
zu ſeyn. So wie ein Redner, der zu langſam
ſpricht, uns langweilig iſt; und ein anderer, der
gar zu geſchwind ſpräche, uns verwirren würde,
beyde aber uns gleich ſtark unangenehm wären; ſo
kann auch, dünkt mich, eine Folge augenblicklicher

Sen-

Sensationen zu langsam, und eine andere wieder zu geschwind seyn, als daß sie uns angenehm seyn sollte. Diesen Anmerkungen zu Folge würde z. E. in der Musik ein gewisser Umfang von Tönen seyn, der sich für unser Temperament schickte, so, daß entweder höhere oder tiefere Töne uns allezeit unangenehm wären.

Ich komme auf die mannigfaltigen Sensationen. Es ist klar, daß sie nach der Natur der Mannigfaltigkeit angenehm oder unangenehm seyn können. Der zweyte Grundsatz, der oben festgesetzt worden, giebt uns das Recht zu schließen, daß die Seele nicht allein den Unterschied unter einer einförmigen und mannigfaltigen Sensation, sondern auch alle Verschiedenheiten zwischen zwoen verschiedentlich abgeänderten Sensationen nothwendig empfinden müsse; und gleichgültig kann sie gegen dieselben nicht seyn. Eine wohlgeordnete Folge, welche viel Schönheit hat, kann niemals mit einer unregelmäßigen Folge von gleicher Wirkung auf die Seele seyn. Ich habe gesagt, die Annehmlichkeit einer einfachen und einförmigen Folge müsse derjenigen ähnlich seyn, welche der Geist über die Schönheit einer geraden Linie empfindet. Man kann aus eben den Gründen sagen, daß eine einfache Sensation, die regelmäßig abgeändert ist, ein ähnliches Vergnügen mit demjenigen erwecken müsse, das man aus der Betrachtung einer krummen Linie zieht, deren Erzeugung man kennet. Diese Folgen sind den algebraischen Gleichungen ähnlich, welche die Natur der krummen Linien, oder der Progreßionen der

Zahlen

Zahlen ausdrucken. Diese Gleichungen verändern sich bis ins unendliche; und haben jederzeit unendliche Grade von Schönheit, welche jederzeit im zusammengesetzten Verhältniß der Einheit und Mannigfaltigkeit ist. Die Sensationen sind also von den Ideen, welche uns die Gleichungen darstellen, nur durch ihre größere Lebhaftigkeit unterschieden, und darinn, daß man die Schönheit der Sensationen nur undeutlich wahrnimmt, da man hingegen die Schönheit der algebraischen Gleichungen deutlich begreift. Daraus folgt, daß eine schöne Folge die angenehme Sensation, und eine unregelmäßige Folge die unangenehme Sensation erregen müsse; kurz, daß das Vergnügen oder Mißvergnügen der Sensationen in allen Stücken eben die Regeln befolgen müsse, als das Vergnügen oder Mißvergnügen der bloß intellektuellen Vorstellungen.

Die zusammengesetzten Sensationen müssen eben den Regeln folgen, die ich für die einfachen Sensationen festgesetzt habe. Eine zusammengesetzte Sensation besteht aus vielen verschiedenen einfachen. Die Nerven eines Sinnes können zu gleicher Zeit von vielen und verschiedenen Folgen von Stößen gerührt werden. Man kann die Töne von vielen verschiedenen Saiten auf einmal hören; die Salze, welche den Geschmack hervor bringen, können aus verschiedenen Arten zusammengesetzt seyn, deren jede verschiedentlich wirkt; und so verhält es sich auch mit den übrigen Sinnen. Aus den im vorigen Abschnitt ausgemachten Grundsätzen, und aus denen, welche ich in diesem aus einander gesetzt habe, folgt

es,

es, daß die zusammengesetzten Sensationen ange=
nehm seyn werden, wenn die verschiedenen Folgen
augenblicklicher Stöße, worinn die ganze Sensation
besteht, ein regelmäßiges Ganze ausmachen; und
hingegen unangenehm, wenn keine Ordnung darinn
herrscht.

So sind also die Vergnügungen der Sinne auf
eben den Grundsatz gebracht, daraus sich die Ver=
gnügungen des Verstandes und der Einbildungs=
kraft herleiten lassen. Man kann aber diese Theo=
rie unmöglich durch Erfahrungen, die von den Sin=
nen hergenommen sind, bestätigen, weil uns die
Erfahrung die Art und Weise nicht lehrt, wie die
Sinnen von den Gegenständen rege gemacht wer=
den. Man muß sie nur errathen. Doch ist ein
besonderer Fall vorhanden, der die angenehme Em=
pfindung, welche durch die musikalische Harmonie
in der Seele erregt wird, betrift, und den ich zu ent=
wickeln suchen will, meine Theorie dadurch zu bestä=
tigen. Man weiß, daß die vier Töne in der Musik,
welche den Akkord oder die vollkommene Harmonie
ausmachen, in der Seele eine sehr angenehme Em=
pfindung erregen, und daß fast alle Regeln der
Tonkunst daraus gezogen werden. Diese vollkom=
mene Harmonie besteht in dem gleichzeitigen zittern=
den Schlage von vier Saiten, die man den Unisono,
die große Terzie, die Quinte und die Oktave nennt.
Da die Töne nichts als wiederholte Schläge sind, die
in gleichen Intervallen auf einander folgen; so kann
man sich den Ton einer Saite, wie Herr Euler
in seinem vortreflichen Werke über die Theorie der
Musik

Mufik gethan hat, durch Punkte vorstellen, die in
gleicher Entfernung und in gerader Linie neben einander
der gesetzt sind. Und da man das Verhältniß der
Geschwindigkeiten in der Folge der Schläge vieler
gegebenen Saiten durch genaue Berechnungen bestimmen kann, so kann man sich die ganze Harmonie,
d. i. die Einheit und die Folge der Schläge auf einmal vorstellen, und folglich die Schönheit der Harmonie dem Geiste verständlich machen. Ich habe
das in folgender Figur versucht.

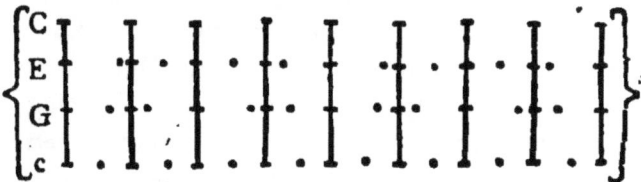

Setzt man nun an die Stelle der Punkte die Namen der Saiten, so wird die Folge der Schläge des
Akkords so beschaffen seyn:

```
C                           C
E               C           E
G       C       G       C   G
 c c G E c G c E c E c G c E G c c u. f. w.
```

Die Punkte der ersten Reihe, die in gleichen Entfernungen von einander stehen, stellen die Schläge des
Unisono vor; die von der zwoten Reihe, die Schläge
der großen Terzie; die Punkte der dritten und vierten
Reihe, die Schläge der Quinte und Oktave, die
alle nach dem wahren Verhältniß ihrer Folgen gesetzt sind.

:   G   Man

Man sieht auf einem Blick, daß diese Schläge eine sehr regelmäßige Progreßion machen, die aber zugleich sehr mannigfaltig ist, und folglich intellektuelle Schönheit hat. Zu Anfang hört man vier Schläge auf einmal, aber von verschiedener Stärke, die ich durch $|^1$, $|^2$, $|^3$, $|^4$, bezeichnen will. Nach diesem ersten zusammengesetzten Schlage kommen drey einzelne Schläge, dann zween auf einmal, hernach wieder drey einzelne, aber in einer andern Ordnung als die vorhergehenden, hierauf drey auf einmal, dann drey einzelne wieder in einer andern Ordnung, nach dem kommen die zween Schläge zusammen, dann drey einzelne, worauf eben die Ordnung wieder von neuem angeht. Der Zusammenfall von zween, drey oder vier Schlägen bleibt immer einerley, ohne sich zu verändern; die einzelnen Schläge hingegen verändern viermal ihre Ordnung in folgenden Verbindungen:

die Oktave, die Quinte, die große Terzie, $|^4$, $|^3$, $|^2$.

die 5te,   die 8ve,   die große 3ie, $|^3$, $|^4$, $|^2$.

die 3ie,   die 8ve,   die 5te, $|^2$, $|^4$, $|^3$.

die 3ie,   die 5te,   die 8ve, $|^2$, $|^3$, $|^4$.

Und die ganze Progreßion wird so in Zahlen vorgestellt, wenn man eben die Zeichen behält, und die gleichzeitigen Schläge in eine Reihe setzt:

$|^1$ $|^1$

$|^2$ $|^2$ $|^2$

$|^3$ $|^1$ $|^3$ $|^1$ $|^1$

$|^4$ $|^4$ $|^3$ $|^2$ $|^4$ $|^3$ $|^4$ $|^2$ $|^4$ $|^1$ $|^4$ $|^3$ $|^4$ $|^2$ $|^3$ $|^4$ $|^4$

Man

Man sieht hieraus, daß das, was der Seele ge=
fällt, wenn sie es sich undeutlich vermittelst der Sinne
vorstellt, auch noch gefällt, wenn man es dem Geiste
deutlich darlegen kann; denn ob gleich diese Folge
sehr einfach ist, so ist sie doch schön, und bringt in
der Seele angenehme Empfindung hervor. Dieß
dient zum Exempel, die bisher vorgetragene Theorie
zu bestätigen:

Hier könnte ich stehen bleiben, da ich vielleicht
genung gesagt habe, die Analogie unter den Vergnü=
gungen der Sinne, und den Vergnügungen des Gei=
stes zu beweisen. Indessen bilde ich mir doch ein,
daß man Mühe haben möchte, zu begreifen, wie ei=
nige Sensationen von Vergnügen oder Schmerz so
lebhaft seyn können, daß sie den Menschen manchmal
so gar außer sich selbst setzen. Folgende Anmerkun=
gen werden diese Schwierigkeiten zu heben dienlich
seyn.

Ich habe schon weiter oben angemerkt, warum
die Sensationen stärker und lebhafter sind, als die
intellektuellen Ideen; außer dieser allgemeinen Ur=
sache finde ich nun noch zwo besondere Ursachen.
Erstlich, weil die Sensationen, selbst diejenigen, die
ich einfache genannt habe, uns allezeit von vielen
Orten auf einmal in die Seele kommen. Ich er=
kläre mich deutlicher. Es wird jederzeit eine große
Menge Nerven zu gleicher Zeit gerührt, wodurch die
Stärke der Sensation nach Proportion der Menge
der Nerven vermehrt werden muß. Gesetzt, eine
einfache Sensation, z. E. ein Ton rühre im Ohr nur
einen einzigen Nerven. Nun habe ich angemerkt,

daß

daß das Vergnügen, welches die Seele darüber em-
pfindet, demjenigen ähnlich ist, das der Geist aus
der Betrachtung einer geraden Linie zieht. Eine
Sensation aber ist lebhafter, als eine bloße Idee.
Gesetzt, die Stärke des Vergnügens in diesen beyden
Fällen sey wie 1 zu m; d. i. die Eins drucke die
Lebhaftigkeit des Vergnügens aus, das die gerade
Linie verursacht; und m drucke die Lebhaftigkeit der
Sensation eines Tons aus, welche durch einen einzigen Nerven erregt worden; so wird man gestehen, daß
m schon viel größer ist als 1. Nun wollen wir
statt eines Nerven, der diese Sensation in die Seele
bringt, eine Menge davon n setzen, weil es gewiß
ist, daß jederzeit eine große Menge derselben auf einmal gerührt wird. Das Verhältniß der Lebhaftigkeit der Idee und der Sensation wird also seyn wie
1 zu m n. Nun kann man leicht einsehen, daß die
Größe m n immer eine sehr große Zahl seyn wird.
Hieraus folgt, daß, wenn zween gleich schöne Gegenstände vorhanden sind, deren einer bloß intellektuel,
der andere sinnlich ist, so wird dieser ein weit größeres Vergnügen erwecken, als das, was von jenem
erweckt wird. Giebt es nun bloß intellektuelle Gegenstände, die ein sehr empfindliches Vergnügen in
der Seele erwecken, wie es denn gewiß dergleichen
giebt; so wird man auch einsehen, was ein gleich
schöner sinnlicher Gegenstand für eine große Wirkung thun müsse. Man kann den großen Unterschied, den die Zahl der bewegten Nerven in der
Quantität des Vergnügens verursacht, auch so gar
empfinden. Wenn man in heißen Sommertagen,

da

da der ganze Körper erhitzt ist, eine frische Luft auf
die Hand bläset, so wird man eine angenehme Sensation davon haben; aber man stelle einmal den ganzen Körper einer kühlen Luft bloß; so wird man
über der süßen Wollust, die man alsdann empfindet,
die schwache Sensation gar bald vergessen, die durch
die abgekühlte Hand verursacht worden war.

Die zwote besondere Ursache, welche die Stärke
der Sensationen vermehrt, liegt in dem Zusammenhange der Nerven, wovon ich schon oben etwas be-
rühret habe. Wenn ein Gegenstand die Nerven so
stark bewegt, daß er sie erschüttert, so theilen sie ihre
Bewegung andern mit, und diese machen es wieder
so, so daß es oft geschieht, daß sich die Bewegung
auf das ganze Nervensystem fortpflanzt. Man
sieht dieses deutlich an starken Gerüchen, welche durch
den ganzen Körper krampfhafte Bewegungen machen; an der Musik, wodurch man diejenigen heilt,
welche von der Tarantel gestochen sind, und an vielen andern Exempeln mehr. (i)

G 3   Man

(i) Ich habe gehört, daß man vermittelst einer gewissen Musik, die nahe an der Oberfläche des Wassers
gespielt wird, gewisse Arten Fische so festhalten kann,
daß man sie fängt, ohne daß sie zu entwischen suchen; wenn die Sache wahr ist, so kann man sie
sehr leicht aus diesen Grundsätzen erklären. Die
sonderbare Wirkung eines Seefisches, den man den
Krampffisch nennet, und welcher an dem Arm oder
Fuß, womit man ihn berührt, eine gänzliche Erstar-
rung verursacht, gehört auch zu der Klasse der Na-
turerscheinungen, die sich aus der Mittheilung der
Nerven erklären lassen.

Man sieht wohl, daß die Sensation in solchen Umständen außerordentlich groß seyn muß. Die Seele fühlt sich alsdenn von unendlich vielen Seiten angegriffen; sie weiß nicht, wohin sie ihre Aufmerksamkeit vorzüglich richten soll. Ist die Sensation an sich selbst angenehm, und überschreitet sie in diesen Umständen nicht einen gewissen Grad der Stärke, so verursacht sie den allerangenehmsten Zustand der Seele. Ich weiß nicht, ob man diesen Zustand in einer Sprache so gut als in der deutschen ausdruckt, wo man ihn mit dem Namen holde Wehmuth bezeichnet, welches im Französischen ohngefähr eine ungemein sanfte Unruhe bedeuten könnte. Wenn aber die Bewegungen der Nerven zu stark sind, so begreift man wohl, daß dieser Zustand in Ohnmacht und allgemeine Unempfindlichkeit ausarten muß, die Sensation mag nun an sich selbst angenehm oder schmerzhaft seyn. (k) Denn da die Seele durch unendlich viele Sensationen auf einmal gar zu stark angegriffen wird, so ist es ihr unmöglich, etwas zu unter-

---

(k) Es giebt zwo Ursachen der Ohnmacht, eine körperliche und eine intellektuelle. Eine ausschweifende Freude oder Betrübniß verursacht sie eben so wohl, als ein ausnehmender Schmerz im Körper, oder als ein Geruch. Beyde Fälle scheinen mir das mit einander gemein zu haben, daß sie der Seele eine unendliche Menge Ideen oder Sensationen auf einmal vorstellen, worinn sie sich verliert, weil sie nicht weiß, wo sie stehen bleiben soll. Man begreift, (ich begreife es wenigstens,) wie man in solchen Umständen auf einige Augenblicke ganz von sich kommen kann.

unterscheiden: sie verwirrt sich, und verfällt in einen Zustand dunkler Vorstellungen.

Das sind, wo ich nicht irre, ziemlich klare und wenigen Zweifeln unterworfene Entscheidungen für denjenigen, der alles, was ich oben gesagt habe, wohl erwegen will. Ich will also mit einigen Betrachtungen den Beschluß machen, welche unmittelbarer mit der Ausübung verbunden sind, als die vorhergehenden Spekulationen. Denn ich glaube, mich nicht von dem Hauptzwecke, den ich mir bey diesen Untersuchungen vorgesetzt habe, zu entfernen, wenn ich mich bemühe, die Spekulationen, wenn ich so sagen darf, in die Ausübung herüber zu tragen. Ich will den Vortheil und Nachtheil der Vergnügungen der Sinne gegen die intellektuellen Vergnügungen in Vergleichung stellen. Wir wollen uns nicht fürchten, (ich bediene mich der Ausdrücke eines berühmten Philosophen,) (*l*) wir wollen uns nicht fürchten, spricht er, die Vergnügungen der Sinne mit den intellektuellesten Vergnügungen zu vergleichen; lasset uns doch uns nicht so bethören, zu glauben, daß einige unter den Vergnügungen von nicht so edler Natur sind, als die andern. In der That kömmt es hier nicht auf Deklamationen oder Schmähungen gegen die Vergnügungen der Sinne, noch auf Spöttereyen gegen die intellektuellen Vergnügungen an: sondern auf richtige Urtheile, die aus der Natur der Dinge hergenommen sind. So lange wir allein bey Folge-

G 4 rungen,

(*l*) Siehe den Versuch einer philosophischen Moral vom Herrn von Maupertuis.

rungen, die aus den zugestandenen Grundsätzen ganz
natürlich fließen, stehen bleiben; so lange laufen wir
auch keine Gefahr.

Man muß, wie mich dünkt, sehr blind seyn,
wenn man nicht auf den ersten Blick siehet, daß
beyde Arten von Vergnügungen dem Menschen weise
beygelegt worden sind, daß er sie mit Klugheit und
mit der weisen Haushaltung genießen soll, welche
beyde Arten von Vergnügungen allein für den ver=
nünftigen Menschen würdig machen kann.   Wir
würden gleich stark zu beklagen seyn, wenn uns eine
von beyden Arten wäre versagt worden; ja wir wür=
den so gar der Welt unnütz seyn.

Die Vergnügungen der Sinne haben ihre Vor=
züge vor den intellektuellen Vergnügungen; und
diese haben an ihrer Seite wieder ihre Vorzüge vor
den sinnlichen Vergnügungen.   Wir wollen sie zu
vergleichen, und mit eben der Freymüthigkeit gegen
einander abzuwägen suchen, als Plutarch die Tugen=
den und Laster der Helden des Alterthums mit ein=
ander verglichen hat.

Der erste Vorzug, den die sinnlichen Vergnü=
gungen über die intellektuellen haben, besteht in ihrer
mehrern Empfindlichkeit.   Wir haben gesehn, daß
die sinnlichen Vergnügungen gleichsam die Körper
sind, wovon die intellektuellen nur der Schatten sind.
Da nun das Vergnügen das Interesse der mensch=
lichen Natur ist, wie ich an einem andern Orte an=
gemerkt habe, so ist es klar, daß (wenn sonst alles
übrige gleich ist,) die größten Vergnügungen auch die
begehrungswürdigsten sind.

Dieser

Dieser erste Vorzug der sinnlichen Vergnügungen kann aber in Nachtheil und Schaden für sie ausarten, und zwar auf zweierley Weise. Erstlich die größte Empfindlichkeit bezieht sich eben so wohl auf die schmerzhaften Empfindungen, als auf die Vergnügungen; das Mißvergnügen also, das uns die intellektuellen Gegenstände verursachen, ist auch nur der Schatten von den Schmerzen der Sinne; und, wie der von mir angeführte berühmte Philosoph gar wohl bemerkt hat, so kömmt der Schmerz durch tausend Thüren in die Seele, da hingegen im Körper nur wenige sind, welche das Vergnügen durchlassen. Dieß ist also der erste Vorzug der intellektuellen Gegenstände über die sinnlichen; sie mögen noch so häßlich seyn, so erregen sie uns doch niemals Schmerz.

Ich merke zweytens an, daß die sinnlichen Vergnügungen viel von ihrem ersten Vorzuge verlieren, weil sie starke und gefährliche Leidenschaften in uns erregen, welche manchmal so gar in Wut ausarten; und dieß ist eine unvermeidliche Folge von der Lebhaftigkeit dieser Vergnügungen. Diese Leidenschaften reißen oft die armen Sterblichen in einen Abgrund des Elends und in ein unfehlbares Verderben; und berauben sie zuweilen aller der Vorzüge, welche der Mensch seiner Natur nach über die Thiere hat. Exempel hievon sind bekannt genung, und entehren die menschliche Natur zu sehr, als daß man sie anführen sollte. Die Vergnügungen des Verstandes, die sanfter und so zu sagen unschuldiger sind, flößen ihr vielmehr Sanftmuth und Ruhe ein, als daß sie

G 5 dieselbe

dieselbe durch Leidenschaften erniedrigen sollten, die
sie zu schändlichen Ausschweifungen verführen; und
erheben sie, so zu sagen, über den Staub, woran
sie durch die Sinne geheftet wird; und ziehen den
Menschen gewisser maßen aus der Klasse der Thiere
hervor, um ihn dem Range höherer Geister gleich
zu setzen. Dieß ist der zweyte Vorzug der intellek=
tuellen Vergnügungen.

Der zweyte Vorzug der sinnlichen Vergnügun=
gen besteht darinn, daß sie die Seele genießen kann,
ohne eine deutliche Kenntniß von den Ursachen zu
haben, die sie hervor bringen; sie erfordern weder
Nachdenken, noch Einsicht, noch anhaltendes Be=
mühen; Bedingungen, welche zum Genuß der in=
tellektuellen Vergnügungen unumgänglich nöthig
sind, wie ich es im vorhergehenden Abschnitte bewie=
sen habe. In diesem Stücke sind die Vergnügun=
gen der Sinne viel leichter, und, so zu sagen, um
wohlfeilern Preiß zu haben, als die übrigen. Die
Vergnügungen der Sinne sind unserm thierischen
Theile verliehen; sie dienen da an statt der Vernunft=
schlüsse, wo man seine Vernunft nicht gebrauchen
kann. Aber eben dieser Vorzug gereicht auch den
sinnlichen Vergnügungen wieder zum Nachtheil.
Denn aus Mangel deutlicher Erkenntniß ist unsere
Einbildungskraft, wie ich schon oben angemerkt ha=
be, nicht leicht im Stande, sie uns wieder ins Ge=
dächtniß zu bringen.

Dadurch erhalten also die intellektuellen Vergnü=
gungen zum dritten einen Vorzug über die sinnlichen
Vergnügungen; daß man sie sich, so oft man will,

wieder

wieder erinnern kann, ohne daß ihre Wirkung ver-
ringert würde. Eine schöne Rede, die uns bey dem
Anhören entzückt hat, kann uns so oft eben das Vergnügen wieder verschaffen, als unser Gedächtniß
uns derselben erinnern kann; dahingegen eine köst-
liche Mahlzeit, die man sich durch die Einbildungskraft wieder vorstellt, uns nur den Schatten des ge-
noßenen Vergnügens, und vielleicht gar Reue darüber in die Seele bringt. Die intellektuellen Gegenstände sind solche Güter, die wir ganz in unserm Besitz haben; sie fassen im Grunde der Seele Wurzel,
und können ihr niemals entrissen werden; die sinnlichen hingegen sind außer uns, und für uns gewisser
maßen fremd und schlecht gesichert. Wir haben es
nicht in unserer Gewalt, sie, so oft es uns gefällt,
zu genießen; es müssen viele Umstände zusammen
kommen, wenn wir sie erlangen sollen, und wir
bleiben nicht länger, als so lange wir sie genießen,
in dem Besitz derselben.

Die zween Vorzüge der sinnlichen Vergnügungen, die ich angezeigt habe, sind die einzigen, die ich
kenne. Aber die intellektuellen Vergnügungen haben
außer den Vorzügen, die ich erwähnt habe, noch einen, der sehr wichtig ist. Man kann sie nicht genießen, ohne dadurch zugleich seine intellektuelle Fähigkeiten vollkommener zu machen. Sie sind also
lauter Triebfedern, uns zur Vollkommenheit unserer Natur zu bringen, in welcher Vollkommenheit
das höchste Gut besteht. Die Vergnügungen der
Sinne hingegen zielen nur auf unsere Erhaltung ab,
und werden sie etwas über ihre Gränzen getrieben, so
beför-

befördern sie gar unsere Zerstörung. Wie also
Alexander sagte, daß er dem Aristoteles, seinem
Lehrer, mehr Verbindlichkeit schuldig sey, als sei=
nem Vater Philippus, weil er diesem nur sein Da=
seyn, jenem aber sein glückliches Daseyn zu danken
habe; so können wir noch mit mehrerm Rechte sa=
gen, daß wir den intellektuellen Vergnügungen
mehr Verbindlichkeit schuldig sind, als den sinnli=
chen, weil wir jenen die Vollkommenheit unsers
Daseyns, welche allein dem Daseyn und unserer
Erhaltung, die von den sinnlichen Vergnügungen
abhängt, Werth ertheilt, zu verdanken haben.

Ich ziehe also den Schluß, daß die intellektuel=
len Vergnügungen vor den sinnlichen den Vorzug
haben. Da indessen beyde Arten von Vergnügun=
gen doch aus einer gemeinschaftlichen Quelle ihren
Ursprung nehmen, so kann man sagen, daß sie gleich
edel sind, und daß die Vergnügungen des Verstan=
des nur darum vorzüglich sind, weil sie größere
Vortheile gewähren.

So weit habe ich es mit meinen Untersuchungen
über die Vergnügungen der Sinne, über ihren Ur=
sprung und ihre Natur bringen können. Glücklich
werde ich mich schätzen, wenn ich den Beyfall dieser
ansehnlichen Versammlung dadurch habe verdienen
können! (m) und noch glücklicher, wenn das, was
ich gesagt habe, zur Beförderung der Wissenschaften
und der Weisheit etwas beytragen kann!

Unters

(m) Dieser Abschnitt ist in der öffentlichen Versamm=
　　lung, die im Monat May 1751 gehalten wurde,
　　vorgelesen worden.

Untersuchungen
über den Ursprung der angenehmen
und unangenehmen Empfindungen.

Vierter Abschnitt. (25)
Von den moralischen Vergnügungen.

Ich komme endlich auf den letzten und wichtigsten Theil dieser Untersuchungen. Ich unternehme es, den Ursprung desjenigen Vergnügens zu erklären, das ich moralisch nenne, weil es aus dem Empfindungen

(25) Der Verfasser dieser Theorie hat uns über diese vierte Abhandlung seine Anmerkungen nicht gegeben, wiewohl er erkennt, daß verschiedenes zu näherer Erläuterung oder Bestimmung der hier enthaltenen Lehre anzumerken wäre. Er hat uns aber aufgetragen, den Liebhabern solcher Untersuchungen bekannt zu machen, daß er seit einiger Zeit an einer genauen und völligen Entwickelung aller ersten Grundtriebe der Seele arbeitet, aus welcher sich die wahren Fundamente des Geschmacks und der sittlichen Empfindungen auf eine Weise herleiten lassen, die keinem Zweifel mehr unterworfen sind. Er hat der Königl. Akademie der Wissenschaften bereits ein paar Abhandlungen über diese Materie vorgelesen, und ist nun an der Untersuchung der Grundtriebe, woraus alle moralische Empfindungen ihren Ursprung nehmen. Dasjenige also, was bey diesem Abschnitte hätte können angemerkt werden, wird sich vollständig dort finden, wenn einmal die unterbrochene Herausgebung der Schriften der Königl. Akademie wieder wird fortgesetzt werden.

duhgen und Handlungen, die man moralisch nennt,
entspringt.   Das Vergnügen, welches die guten
Handlungen und tugendhaften Empfindungen be=
gleitet und belohnt, wird der Gegenstand dieser Un=
tersuchungen seyn.   Unter allen Vergnügungen ver=
dient dieses auch am meisten gründlich erforscht zu
werden, weil es die Tugend hervor bringt und un=
terhält.   Niemand würde tugendhaft seyn, wenn
man nicht Vergnügen davon hätte.   Zeigt man also
den Ursprung des moralischen Vergnügens an, so
macht man eben dadurch den wahren Grund der Tu=
gend selbst klar.

Ich habe also zur Absicht, hier zu untersuchen,
auf welche Art und Weise dieses moralische Vergnü=
gen in der Seele hervorgebracht werde.   Nicht will
ich beweisen, daß die Tugend das moralische Ver=
gnügen hervorbringe; das ist die Sache, die ich
als wahr annehme, und wovon ich die Ursachen in
der Natur der Seele zu entdecken bemüht seyn will.
Wollen wir zur Auflösung dieser Aufgabe kommen,
so haben wir zweyerley zu betrachten: nämlich erst=
lich die Natur des Gegenstandes, der dieses Ver=
gnügen hervorbringt; und zweytens sein Verhält=
niß gegen die Natur der Seele.

Die Gegenstände, welche das moralische Vergnü=
gen hervorbringen, haben das mit einander gemein,
daß sie auf die Glückseligkeit eines verständigen We=
sens abzielen. Es giebt keine Tugend, keine gute Hand=
lung, keine gute Empfindung, welche diese Eigenschaft
nicht haben sollte.   Die Freygebigkeit z. E. die Zärt=
lichkeit, die Freundschaft, die Großmuth, und alle ge=

ſellſchaftliche Tugenden zielen ganz augenſcheinlich
auf die Glückſeligkeit desjenigen, auf den ſie gerich-
tet ſind. Die Glückſeligkeit iſt nach dem allgemeinen Begriff ein ſolcher Zuſtand, daraus natürlicher
Weiſe unendlich mehr Annehmlichkeit und Vergnügen, als Mißvergnügen entſteht. Der moraliſche
Gegenſtand wird alſo, da er auf Glückſeligkeit abzielt, die Eigenſchaft haben, den Menſchen zu mehrerm Vergnügen fähig zu machen.

Die Natur und der Urſprung des Vergnügens,
die ich im erſten Abſchnitte erkläret habe, ſetzen uns
in den Stand, die Natur des moraliſchen Gegen-
ſtandes deutlicher zu erklären; und wir können vermöge derſelben verſichern, daß er dahin zielt, dieſe
natürliche Wirkſamkeit der Seele, welche die wahre
Quelle alles Vergnügens und aller angenehmen Empfindung iſt, zu erleichtern und vollkommener zu
machen. Da es zwey verſchiedene Mittel giebt, die
natürliche Wirkſamkeit der Seele zu erleichtern und
vollkommener zu machen, ſo giebt es auch zwey Mittel, die Glückſeligkeit zu befördern; das erſte beſteht darinn, daß man der Seele die nöthigen Ideen
zu ihrer Wirkſamkeit verſchaft, und das zweyte,
daß man die Hinderniße wegräumt, welche die Seele
in ihrer Wirkſamkeit verhindern, und ſie weniger
frey machen. Ich geſtehe es, dieſe Ideen ſind eben
nicht glänzend, und zeigen uns bey dem erſten Anblick eben nichts wichtiges. Indeſſen da ich nur für
Philoſophen ſchreibe, ſo geht meine einzige Bemühung nur dahin, ſolche Ideen vorzutragen, die ich
für gründlich halte, und welche aus dem wahren

Urſprunge

Ursprunge dieser Dinge hergenommen sind. Doch
will ich sie durch eine Anwendung auf gemeinere Begriffe zu erläutern suchen.

Ich sage, das erste Mittel, die natürliche Wirksamkeit der Seele vollkommener zu machen, d. i. die
Glückseligkeit zu befördern, bestehe darinn, daß man
der Seele die zu ihrer Wirksamkeit nöthigen Ideen
verschaft. Zur Erläuterung dessen wollen wir uns
einen Menschen vorstellen, der ohne einige Kenntniß und ohne Unterricht in einem Winkel der Welt
eingesperrt ist, wo er wenig Gelegenheit hat, das,
was unter dem menschlichen Geschlecht vorgeht, zu
sehen. Dieser Mensch wird nur auf eine sehr kleine
Zahl Ideen eingeschränkt seyn. Alles, was ihm
vorkömmt, sind nur einige sinnliche Eindrücke und
wenige Ideen, die zum allgemeinen Menschen-
verstande gehören. Mit solchem eingeschränkten
Geiste ist dieser Mensch nun nicht oft im Stande,
eine angenehme Empfindung zu genießen. Die
Wirksamkeit seiner Seele, diese Quelle des Vergnügens, kann sich nicht entwickeln; womit sollte sie
sich wohl beschäftigen? Die Gegenstände, die sich
seinem Geiste darstellen, haben nichts anziehendes
für ihn, weil es ihm an der großen Menge Ideen,
vermittelst welcher man einen Gegenstand mit andern verbindet, und wodurch er allein interessant
wird, fehlet. Er sieht den Himmel und die Natur,
ohne daß aus derselben Anblick die geringste interessante Idee für ihn entstehen sollte. Er bleibt in
einer Dummheit und Unempfindlichkeit, die ihn den
unvernünftigen Thieren ähnlich macht. Was müßte
man

man thun, um diesen Menschen glücklicher zu machen? Man müßte ihm die nöthigen Ideen verschaffen, um in seiner Seele alle diese interessante Gegenstände, die er sieht, zu bearbeiten; man müßte ihn in die Welt bringen, damit er andere, die ihm seine Einsamkeit nicht verschaffen kann, erlangen möchte. Mit einem Worte, alles, was man thun kann, diesen Menschen glücklicher zu machen, besteht darinn, daß man ihm die Ideen verschafft, die ihm fehlen. Dieß ist das erste Mittel, die natürliche Wirksamkeit der Seele vollkommener zu machen, davon ich gesprochen habe.

Ich habe angemerkt, daß das zweyte Mittel darinn bestehe, daß man die Hindernuße wegräumt, welche die freye Wirksamkeit der Seele aufhalten, ohne welche doch keine angenehme Empfindung möglich ist. Um dieses faßlicher und begreiflicher zu machen, setze ich z. E. einen Menschen, dem es an Verstand und Kenntnißen nicht fehlt, der, wenn ich mich so ausdrücken darf, die nöthigen Materialien zu dieser Wirksamkeit der Seele, welche die angenehme Empfindung hervor bringt, in sich hat. Unzählige Dinge aber können ihn verhindern, sich die Schätze, welche sein Geist enthält, zu Nutze zu machen; wenn er z. E. mit Schwachheiten des Körpers, oder mit Dürftigkeit, oder mit starken Leidenschaften zu kämpfen hat. Er wird nicht die Freyheit haben, in seiner Seele geschäftig zu seyn, um angenehme Empfindungen zu genießen; weil ihn die Sensationen von seinem Unglücke, oder das Feuer seiner Leidenschaften, alle Augenblicke in seiner Wirk-

H samkeit

samkeit stören. Man nehme die Ursache dieser gehäuft
ten Störungen weg; man mache seinen Geist frey; so
wird er glücklich seyn.

Auf diese Weise befördert man also die Glückseligkeit eines vernünftigen Wesens, wenn man die natürliche Wirksamkeit seiner Seele vollkommener macht. Um
wieder auf unsere Materie zu kommen, so sehen wir nun,
worinn die Natur des moralischen Gegenstandes be-
stehet; er zielet nämlich dahin, auf eine oder die andere
Weise die natürliche Wirksamkeit der Seele vollkommener zu machen. Man untersuche, worauf die Wirkung aller Tugenden, aller schönen moralischen Empfindungen, aller guten Handlungen hinaus läuft; und
man wird finden, daß es nichts anders sey, als was ich
hier eben angezeiget habe. In der Folge werde ich Gelegenheit haben, es mit einigen Beyspielen zu beweisen.

Nach dieser vorläufigen Erklärung glaube ich von
allem moralischen Vergnügen Grund angeben zu können. Es kömmt also darauf an, zu erklären, warum
jeder Gegenstand, der auf die Beförderung unserer oder
anderer vernünftigen Wesen Glückseligkeit abzielt, in
uns eine angenehme Empfindung erregt. Ich will mit
den moralischen Gegenständen, die sich auf unsere eigene
Glückseligkeit beziehen, den Anfang machen. Diese
stellen uns also die Idee einer Sache dar, welche dahin
zielt, die natürliche Wirksamkeit unsrer Seele zu erleichtern und vollkommener zu machen, und welche sie eben
dadurch auch zum Vergnügen fähiger macht; sie sind
also gleichsam die Keime vieler zukünftigen Vergnügungen, die daraus entstehen werden. Wenn sich nun
die Seele diesen Gegenstand vorstellt, so umfaßt sie
zugleich

zugleich in ihrer Vorstellung diese Menge zukünftiger Vergnügungen, sie überdenkt sie, sie begehrt sie als solche, die sich für ihren wesentlichen Geschmack schicken, sie heftet sich eifrig daran, und beschleuniget ihre Wirksamkeit dahin. Dieß ist ganz genau der Fall, wo die angenehme Empfindung entstehen muß, wie ich es im ersten Abschnitt dieser Untersuchungen bewiesen habe. (n) Dieses Vergnügen wird also just eben so hervor gebracht, als das intellektuelle Vergnügen; und fließt aus eben der Quelle als alle übrigen Vergnügungen, wovon ich bereits gehandelt habe. Wer sich nur die Mühe nehmen will, das, was bey solcher Gelegenheit in ihm vorgeht, wohl zu überdenken, der wird auch, wie ich mir schmeichle, finden, daß dieses die wahre und einzige Erklärung ist, die man von dem Ursprunge dieses moralischen Vergnügens, das aus den Dingen entsteht, die auf unsere eigene Glückseligkeit Beziehung haben, geben kann. Ich will hier zwey oder drey besondere Fälle zergliedern, um diese Erklärung verständlicher zu machen, und die Anwendung derselben auf alle moralische Vergnügungen zu erleichtern.

Wir wollen mit der Untersuchung der Vergnügungen den Anfang machen, die aus der Freundschaft entstehn, und welche zu den köstlichsten moralischen Vergnügungen gehören; wir wollen aber den Dichtern und Rednern die prächtigen Beschreibungen überlassen, welche mehr für die Einbildungskraft als für den Verstand sind, und bey dem Wahren und Natürlichen stehen bleiben. Worinn bestehen denn die Vergnügungen

H 2 der

(n) In den Abhandlungen der Akademie für das Jahr 1750. S. 67.

der Freundschaft? Ein Freund verschaft uns einen
ungezwungenen und angenehmen Umgang, wo wir
unserm Geschmack ohne Zwang und Rückhalt folgen.
Wir theilen ihm unsere Gedanken und solche Anmerkungen mit, die uns die Klugheit gebeut jedem andern
zu verhehlen; wir vertrauen ihm unser Vergnügen
und unsern Verdruß; er ist der Vertraute unserer Ge-
heimnisse und unserer Absichten; der Rathgeber in
unsern Geschäften, und er nimmt an allem, was uns
betrift, den lebhaftesten Antheil. Dieß sind die Güter
der Freundschaft, die unsern eigenen Vortheil angehen.
Nun untersuche ich, worauf alle diese Vortheile hinaus
laufen. Der freundschaftliche Umgang giebt unsern
geheimsten und interessantesten Gedanken freyen Lauf;
und dadurch wird die Wirksamkeit der Seele und die
Entwickelung ihrer Ideen freyer. Denn jedermann
weiß es wohl, wie viel Zwang man aussteht, wenn
man einen Gedanken oder ein Vorhaben hat, das noch
nicht reif ist, und wovon man sich nicht zu sprechen ge-
trauet. Da uns nun die Freundschaft dieses erlaubt,
und der Freund mit in unsre Ideen eingehet, so werden
wir dadurch in den Stand gesetzet, sie weiter zu entwickeln. Haben wir ein gewisses Unternehmen im
Sinne, so heftet sich die Seele daran, und drehet alles,
was dazu gehöret, auf alle Seiten; man möchte es
gern jemand mittheilen, um ein unpartheyisches Urtheil darüber zu vernehmen, und die schicklichsten Mittel dazu ins Reine zu bringen; fehlt uns aber ein
Freund, so ist die Seele im Zwange, und kann alle
nöthige Ideen nicht entwickeln: die Freundschaft be-
freyet sie von diesem Zwange. Unser Vergnügen und
Miß-

Mißvergnügen sind beständig die Materie zu unsern Gedanken; und jedermann weiß, wie gezwungen, und wie verhindert man, so zu sagen, in dem Laufe seiner Gedanken hierüber ist, wenn man niemand hat, mit welchem man davon sprechen kann. Der Freund löset die Bande auf, die uns im Zwange hielten. Hierauf laufen also alle diese Vortheile der Freundschaft hinaus. Sie machen die Seele in dem Laufe ihrer Gedanken freyer.

So oft wir nun an einen Freund denken, so stellen sich diese Vortheile, wiewohl oft ganz undeutlich, unserm Geiste und unserer Einbildungskraft dar; sie schildern uns den Freund als den Urheber einer großen Menge zukünftiger Vergnügungen. Die Idee eines Freundes begreift also viele andere Ideen, die natürlich daraus folgen, in sich; und so oft sich die Seele mit dieser großen Idee zu thun macht, so kann sie sich auch der Entwickelung der übrigen, die darinn enthalten sind, überlassen. Dieß ist der Ursprung des Vergnügens, das wir empfinden, wenn wir an einen Freund denken. Es würde sehr leicht, aber zu weitläuftig seyn, alle andere moralische Güter eben so zu zergliedern. Ich will nur noch ein paar Exempel hinzufügen. Die Glücksgüter gehören auch zu den moralischen Gütern, und ihr Besitz giebt Vergnügen; einige Philosophen mögen auch davon sagen, was sie wollen. Worinn bestehen aber die Vortheile dieser Güter? Erstlich setzen sie uns gegen die Dürftigkeit und eine gar zu lästige Abhängigkeit in Sicherheit. Die Dürftigkeit und Abhängigkeit aber verhindern uns tausendfältig, dem Laufe unserer Gedanken zu folgen, und die

H 3 Ent-

Entwickelung der Ideen, die für uns reizend sind, weiter zu treiben: die Glücksgüter befreyen die Seele von diesem Zwange in ihrer Wirksamkeit. Zweytens setzen uns die Glücksgüter in den Stand, eine Menge Entwürfe auszuführen, die der Mensch sich nicht enthalten kann, beständig zu machen, und welche auf die Befriedigung der Begierden unsers Charakters abzielen. Das läuft wieder darauf hinaus, daß diese Güter die Seele in ihrer Wirksamkeit freyer machen, indem sie entweder die Hindernisse wegräumen, oder die nöthigen Mittel zur Entwickelung der Ideen oder der Entwürfe herbeyschaffen. Die Glücksgüter sind also in gleichem Fall mit der Freundschaft, und erregen auf gleiche Weise die angenehme Empfindung.

Wie erregt die Mäßigung, ein anderes moralisches Gut, die angenehme Empfindung? Sie ist dem Zorne und den heftigen Begierden entgegen gesetzt. Diese beyderley Affekten bringen eine unangenehme Empfindung hervor, weil sie den Geist vermögen, sich nach der Entwickelung dieser unmöglichen, oder sehr schwer zu entwickelnden Ideen aufs stärkste zu bemühen. Denn wenn man eine Sache verlangt, die vermöge der Umstände unmöglich ist, so sucht man eine Idee zu entwickeln, die zu der Zeit unmöglich ist. Die Mäßigung weiß den Geist vor den Schwierigkeiten oder vor der Unmöglichkeit zu beugen, und läßt ihm die Freyheit, seine Bemühung auf nicht so schwere zu wenden. Sie giebt also der Seele die Freyheit ihrer Wirksamkeit, und muß also eben dadurch angenehme Empfindung erregen.

Diese

Diese Exempel scheinen mir zureichend zu seyn, um begreiflich zu machen, wie alle moralische Güter, welche unsere eigene Glückseligkeit unmittelbar betreffen, nur bloß die natürliche Wirksamkeit unserer Seele erleichtern oder vollkommener machen; woraus deutlich erhellet, daß sie vermittelst dieser wesentlichen Kraft der Seele, die wir als die Quelle aller übrigen Arten des Vergnügens befunden haben, die angenehme Empfindung erregen.

Ich komme nun auf diejenigen Gegenstände, welche unmittelbar auf die Glückseligkeit anderer abzielen, und doch auch die sanfteste und reizendeste angenehme Empfindung in uns erregen. Die Gegenstände, welche diese Empfindung in uns erregen, haben eben die Wirkung auf andere, als diejenigen, wovon wir eben gesprochen haben, auf uns selbst haben. Wenn ich zu beweisen im Stande bin, daß die Glückseligkeit anderer auf uns eben die Wirkung thun muß, als die, welche unsere eigene Glückseligkeit auf uns macht; so werde ich auch zugleich bewiesen haben, daß der moralische Gegenstand, der sich auf die Glückseligkeit anderer bezieht, auf eben die Art angenehme Empfindung hervorbringt, als der Gegenstand, der sich auf unsere eigene Glückseligkeit bezieht.

Ich bemerke also, daß jedes verständige Wesen ohne alle vorgängige Ueberlegung durch seine Natur bestimmt ist, an allem Guten und Uebel der andern Theil zu nehmen. Die deutliche Idee eines Guts muß nothwendig eine angenehme Empfindung erwecken, wenn uns solches Gut auch gleich nicht gehört.

H 4

Denn

Denn die Ideen haben eben die Wirkung, als die Sachen selbst, ob sie gleich nicht so stark ist. Ich will mich über eine Sache, die ein jeder innerlich fühlen, und die nur schwer vorgetragen werden kann, deutlich zu erklären suchen.

Wenn man wohl auf sich Achtung giebt, so bemerkt man, daß die Ideen von abwesenden Dingen ähnliche Eindrücke auf uns machen, als die Sachen selbst, davon wir die Idee haben, auf uns machen würden. Wenn man sich einen gefährlichen Sturm auf dem Meere lebhaft vorstellen kann, so wird man allezeit etwas empfinden, das dem Schrecken ziemlich ähnlich ist; und nachdem die Idee des Sturmes deutlicher ist, empfindet man dieses auch desto stärker. Es geht uns mit allen moralischen Ideen eben so. Der Schauspieler in einem dramatischen Stück darf sich nur alle Umstände der Person, die er spielt, deutlich vorstellen, so wird er auch unfehlbar mehr oder weniger von der Leidenschaft empfinden, die derjenige, den er vorstellt, fühlen müßte. Man weiß, daß ein griechischer Komödiant in dem Zorne, darein ihn bloß eine erdichtete Sache versetzt hatte, seinen Bedienten umbrachte. So oft man uns große Unglücksfälle erzählt, fühlen wir uns dadurch mehr oder minder in Schrecken gesetzt. Hieraus ist es klar, daß die Ideen der Dinge mit den Dingen selbst eine ähnliche Wirkung hervorbringen. Der Grund davon ist augenscheinlich. Die Begebenheiten selbst sind, in Absicht auf uns, von den Ideen, die wir davon haben, nur darinn unterschieden, daß die Eindrücke dieser letztern lebhafter sind. Der Schmerz

j. E.

z. E. iſt nur eine Jdee, denn der Geiſt iſt es, der davon getroffen wird, welcher nichts als Jdeen empfinden kann. Nun iſt die Jdee des Schmerzens von der Senſation des Schmerzens ſelbſt nur darinn unterſchieden, daß ſie rührender und mit unſern übrigen Jdeen ſtärker verbunden iſt; welches uns treibt, unſere Aufmerkſamkeit darauf zu heften.

Weil alſo die Jdee eines Guts oder Uebels eben dieſelben Eindrücke, nur daß ſie ſchwächer ſind, auf uns macht, als das Gute oder Uebel ſelbſt, das ſich auf unſere Glückſeligkeit bezieht; ſo iſt es klar, daß das Gute anderer Menſchen, wovon wir Kenntniß haben, ſeiner Natur nach in uns angenehme, und das Uebel unangenehme Empfindung erregen müſſe: welches meine zum Grunde gelegte Anmerkung beſtätiget, daß wir natürlicher Weiſe ſo geſtellt ſind, daß wir an dem Guten und Uebel der andern Theil nehmen.

Jch hätte dieſes aus Beobachtungen, die unmittelbar aus der Erfahrung genommen ſind, beweiſen können. Unmöglich kann dieſe Eigenſchaft der Seele, die ich eben aus den erſten Grundſätzen hergeleitet habe, einem genauen Beobachter entgehen, weil man ſie täglich wahrnehmen kann. Jch ſehe einen Menſchen eine Laſt ſchleppen, die für ſeine Kräfte zu ſchwer zu ſeyn ſcheint; er kömmt nur ſehr langſam und mit vieler Mühe weiter, und bey jedem Schritt, den er thut, ſcheinen ſeine Kräfte erſchöpft zu ſeyn. Jch ſehe ſein Beſtreben und ſeine Ungewißheit, ob auch alle ſein Anſtrengen zu ſeinem Vorhaben hinlänglich ſeyn werde oder nicht; ich fange an, ihn

H 5

auf=

aufmerksam zu betrachten, ich nehme Theil an seinem Vorhaben, diese Last beunruhiget mich selbst, ich mache unwillkührlich Geberden und Bewegungen, wie er sie macht, ich halte den Athem an, und stoße und schwitze mit ihm. Glückt es ihm; so fühle ich mich erleichtert, als wenn mir mein eigenes Vorhaben geglückt wäre: wo nicht, so bin ich unruhig, und wünschte ihm zu helfen. Diese Theilnehmung an dem Interesse anderer Menschen kann man allenthalben wahrnehmen. Eben so macht man es, wenn man ein gar zu sehr beladenes Pferd sieht. Vornehmlich kann diese Beobachtung in verschiedenen Schauspielen bestätiget werden. Wer Renn- oder Kampfspiele gesehen hat, der weiß auch, wie erhitzt die Zuschauer selbst wegen des Antheils sind, den sie an diesen Schauspielen nehmen, ohne daß sie durch etwas anders als durch die Natur dazu getrieben würden. So ist es mit unserer Seele beschaffen, daß, so bald wir nur unsere Aufmerksamkeit auf eine Sache stark richten, so werden wir auch wider unsern Willen in eine Folge Ideen, die mit dem Hauptgegenstande nothwendig verbunden sind, hinein gezogen. Aus eben der Ursache geschieht es auch, daß wir uns für die Helden der Geschichte, der Romanen und der dramatischen Stücke so interessiren, ob uns gleich alle solche Personen auf keine Weise etwas angehen, oder oft nur erdichtete Wesen sind.

Wenn man alle Umstände dieser Beobachtungen, und die Gründe, die ich angeführt habe, diese Eigenschaft der Seele a priori zu erweisen, wohl erwegt,

wegt, so wird man deutlich sehen, daß sie aus der
Natur eines jeden denkenden Wesens oder Geistes
nothwendig folgt, und weder Gewohnheit, noch
Vorurtheil, noch Erziehung, den geringsten Theil
daran haben. Ich füge meinem Satze nur
diese einzige Einschränkung bey; diese Theilneh=
mung findet immer statt; wo nicht etwa ein be=
sonderes und entgegen stehendes Interesse stärker
wirkt. Ich habe angemerkt, daß ich in mir selbst
arbeite, einem Menschen, der zu sehr von einer Last
beschweret ist, zu helfen. Wenn es aber eine Ka=
none ist, die er zieht, und er thut es darum, daß
er sie recht stellen will, um auf mich zu schießen, so
thue ich just das Gegentheil von dem, was ich an=
gemerkt habe. Das macht aber keinen Einwurf
gegen meinen Satz. Genung, daß mich die Natur
in allen Fällen, wo mein Urtheil frey, und kein In=
teresse vorhanden ist, das dem Interesse des andern
entgegen steht, dazu antreibt. (o)

Nachdem ich nun bewiesen habe, daß das Gute
und Uebel, das sich auf die Glückseligkeit anderer
bezieht, auf uns eine ähnliche Wirkung hat, als
diejenige, welche unser eigenes Gute oder Uebel bey
uns hervor bringt, wenn wir sonst unsere Aufmerk=
samkeit

(o) Man muß sich wohl in Acht nehmen, daß man
der Natur dasjenige nicht zuschreibe, was bloß
eine Folge ihrer Verderbtheit ist. Tacitus hat die=
sen Fehler begangen, wenn er spricht: *Insita mor=*
talibus natura recentem aliorum felicitatem aegris
oculis introspicere. *Hiß. Lib:* II. Die unverderbte
Natur wirkt grade das Gegentheil.

samkeit stark darauf richten, und kein dawider strei=
tendes eigenes Interesse haben; so wird es sehr leicht
seyn, den Ursprung alles moralischen Vergnügens,
das aus der Glückseligkeit anderer entsteht, zu er=
klären.

Die angenehme und unangenehme Empfindung,
die durch unsern eigenen Zustand erregt wird, kömmt
aus der ersten Quelle aller unserer Neigungen, wie
ich es weiter oben bewiesen habe; da nun das Gute
und Uebel anderer auf uns eben die Wirkung hat,
als was uns selbst begegnet, nur daß sie gemeiniglich
nicht so stark ist; so müssen auch unsere daraus ent=
stehende Empfindungen mit denjenigen Empfindun=
gen, die durch unsern eigenen Zustand erregt wer=
den, einen gemeinschaftlichen Ursprung haben. Hier=
aus folgt, daß jede moralische Handlung, jede Be=
gebenheit, jede Empfindung, jeder Charakter, der
entweder auf die Vermehrung unserer eigenen oder
anderer Glückseligkeit abzielt, vermöge seiner Natur
auf eben die Weise oder durch eben die Kräfte der
Seele angenehme Empfindungen erregt, wodurch
sie bey dem Anschauen der Schönheit hervorgebracht
werden.

Ich halte mich nicht dabey auf, die falschen Mey=
nungen von dem Ursprunge des moralischen Vergnü=
gens zu widerlegen. Genung, daß ich den wahren
Ursprung mit solcher Deutlichkeit bewiesen habe, die
man immer mehr empfinden wird, je mehr man das,
was ich zum Beweise vorgebracht habe, überdenken
wird. An statt einer Widerlegung will ich meinen
Lesern lieber noch die Zergliederung eines besondern

· **Falles**

Falles vorlegen, um die Anwendung meiner Theorie zu zeigen.

Ich lese im Plutarch, daß der Konsul T. Flaminius, nachdem er den König Philippus von Macedonien überwunden, allen griechischen Städten, welche sich Philippus unterwürfig gemacht und in der Knechtschaft erhalten, und welche eben damals zu den isthmischen Spielen versammlet waren, öffentlich habe bekannt machen lassen, daß sie der Rath zu Rom wieder für freye Leute erkläre, von allen Einquartierungen frey mache, alle Auflagen, Steuern und Abgaben aufhebe, und ihnen wieder erlaube, nach ihren eigenen Gesetzen und alten Gewohnheiten zu leben. Als die Griechen diese Erklärung hörten, erhoben sie ein Freudengeschrey, standen auf, und liefen, sich darüber Glück zu wünschen, und zu umarmen, und ihrem Befreyer zu danken, ohne daß sie sich weiter um die Spiele bekümmerten, deshalb sie sich versammlet hatten.

Diese Geschichte erregt die allerangenehmste Empfindung in mir. Wenn ich nun untersuche, was bey dieser Gelegenheit in mir vorgeht, so finde ich so gleich die Idee der Tyranney und der Sklaverey, darinn der König Philippus die Griechen gehalten hat. Diese Idee stellet mir eine unendliche Menge Menschen vor, die kurz vorher frey waren, und nun durch die Unterdrückung unter solchem Zwange stehen, daß sie nicht mehr nach ihrem Charakter und nach ihren Gewohnheiten handeln dürfen. Ich stelle mir ihre Wünsche und beständigen Bemühungen vor, die sie nach dieser Freyheit thun; aber ich

sehe

sehe sie alle Augenblicke aufgehalten. Das legt
meinen eigenen Gedanken einen Zwang an, da ich
auf ihre Bemühungen geheftet bin mit meinen Gedanken. Auf einmal wird das Hinderniß, welches
unzählige Seelen in dem Laufe ihrer Gedanken auf-
hielt, gehoben. Jeder sieht sich frey, und beschleuniget die Wirksamkeit seiner Seele, um zum voraus
die Freyheit, die sie haben wird, zu genießen, die
Ideen, worauf sie ihre Aufmerksamkeit richtet, hervor zu bringen. Es kömmt eine unendliche Menge
besonderer Fälle zugleich zum Vorschein, wo diese
Völker sich ihre Freyheit werden zu Nutze machen
können; alle Wirksamkeit, alle Lebhaftigkeit der
Seele reicht nicht einmal hin, sich alle diese Ideen
vorzustellen. Mein Geist stellet gleich einem Spiegel alles das vor, was in der Seele dieser Griechen
vorgeht. Ich vergesse mich selbst über allen diesen
Betrachtungen; ich glaube mich bey diesem großen
Auftritte gegenwärtig, ich freue mich, und erhebe
mit diesem glücklichen Volk ein Freudengeschrey.

Das geht, so viel ich entdecken kann, in meiner
Seele vor, wenn ich die angeführte Stelle lese.
Woraus deutlich erhellet, daß alles der Erklärung
gemäß ist, welche ich sowohl von dem Ursprunge
des Vergnügens überhaupt, als von dem moralischen Vergnügen insbesondere gegeben habe. Ich
kann diejenigen, denen es schwer fällt, diese Begriffe anzunehmen, versichern, daß ich seit ohngefähr sechs Jahren allen Fleiß angewandt habe, auf
alles, was in meiner Seele vorgeht, aufs genaueste
Achtung zu geben, so oft ich von einer Sache ange-

nehm

nehm gerührt worden bin; und daß ich jederzeit ge=
funden habe, daß alles darauf hinaus kömmt, was
ich hier vorgetragen habe.

Ich glaube also den Ursprung alles Vergnü=
gens deutlich in meiner Seele zu lesen und einzu=
sehen, daß alle Arten desselben aus einer und der=
selben Quelle, nämlich aus der Wirksamkeit der
Seele, welche das Wesen jedes denkenden Geschöpfes
ausmacht, entspringe. Es sind also der Geschmack
für das Sinnliche, und für das Schöne, und die
Empfindung für das Gute, gleichsam Zwillingsnei=
gungen, die von einerley Ursache hervor gebracht
werden. Es sind die drey Grazien, die von einer
Mutter gebohren sind.

Ich würde kein Ende finden, wenn ich alle die
Schlüsse umständlich vortragen wollte, die ich aus
dieser Theorie ziehen kann. Ich will die vornehm=
sten nur anzeigen. Diese Theorie versichert uns erst=
lich, daß die moralischen Empfindungen und Ver=
gnügungen weder aus Vorurtheil, noch aus Ge=
wohnheit oder Erziehung entstehen. Die Unwissen=
den, (was sollte uns abhalten, ihnen den Namen,
der ihnen zukömmt, zu geben?) Diese Unwissen=
den, sage ich, welche nur in dem Aberglauben oder
im Vorurtheil den Grund der tugendhaften Empfin=
dungen anzutreffen vermeynen, werden nicht gewahr,
daß sie eben dadurch behaupten, der Geschmack an
den Vergnügungen der Sinne oder der Einbildungs=
kraft rühre bloß aus Vorurtheil her, da sie doch ge=
wiß fühlen, daß es die Natur selbst ist, welche sie
dazu treibt. Es ist aus unserer Theorie klar, daß

eben

eben die wohlthätige Hand, welche diejenigen Triebfedern in unsere Seele gelegt hat, wodurch die Arten
des Geschmacks, die auf unsere Erhaltung abzielen,
hervor gebracht werden, auch zugleich der Tugenden
Keime darinn gepflanzt hat: und daß man durch
Tugend nicht minder der Natur gemäß handelt, als
wenn man sich andere Vergnügungen verschaft.
Der Mensch wird durch sein Wesen selbst bestimmt,
sein Bemühen gleich stark auf seine eigene Glückseligkeit, als auf die Glückseligkeit anderer Wesen, die
derselben fähig sind, zu richten.

Hieraus folgt, daß die Tugend nichts weniger
als ein bloßer Name oder eine eingeführte Gewohnheit, sondern vielmehr eins von den vornehmsten
Produkten der Natur selbst sey. Da das Wesen
eines denkenden Wesens nichts anders als diese thätige Kraft seyn kann, welche die Quelle alles Vergnügens ist; so ist es unmöglich, daß ein verständiges
Wesen vorhanden sey, das nicht die Triebfedern, wodurch die Tugend hervorgebracht wird, in sich selbst
enthalten sollte. Denn die Tugend kann nichts anders
als die Fertigkeit seyn, seine eigene und anderer verständigen Wesen Glückseligkeit zu befördern. Da
nun das Verlangen, diese doppelte Glückseligkeit zu
befördern, eine nothwendige Folge nicht allein aus
der Natur unserer Seele, sondern auch aus der Natur
jedes vernünftigen Wesens ist, so giebt es auch nicht allein im ganzen menschlichen Geschlecht, sondern auch
in dem weiten Reiche der Geisterwelt nur eine und eben
dieselbe Art der Tugend. Die sich in ihren stillen
Betrachtungen bis zum höchsten Wesen erheben,

finden

finden auch eben die Tugend darinn, wodurch die allgemeine Glückseligkeit der ganzen Welt hervorgebracht werden wird, so bald nur alle Dinge zu ihren gehörigen Reife gelangt seyn werden. Eben die Tugend, und eben die Moral vereiniget auch noch die unendliche Menge Geister, welche nebst dem menschlichen Geschlecht durch die weiten Weltgefilde zerstreuet sind, unter eine einzige Art moralischer Wesen.

Eben diese Theorie giebt uns auch Anleitung, die Natur der moralischen Verbindlichkeit gründlich zu erkennen. Das moralische Vergnügen ist eine nothwendige Folge der Natur der Seele und der intellektuellen Fähigkeiten. Dieses Vergnügen bringt nothwendig die Empfindungen, und die Empfindungen wieder die Handlungen hervor. Die unveränderliche Natur des vernünftigen Wesens ist es also, welche es zu moralischen Handlungen antreibt, so wie das Wesen des Magneten ihn bestimmt, sich nach den Polen zu kehren. Daraus folgt, daß jedes denkende Wesen die Bewegungsgründe zur Ausübung des Guten in seiner Natur hat, und daß diese Bewegungsgründe allezeit vorhanden sind und wirken; es müßte denn dieses Wesen aus seinem natürlichen Zustande versetzt werden. Es verhält sich mit der Seele wie mit dem Körper: so lange diese Maschine in ihrem natürlichen Zustande verbleibt, so thun auch alle Sinne ihre gebührende Verrichtungen, und der Körper ist im Stande der Gesundheit. Eben so werden auch die Triebfedern in der Seele, wenn alles natürlich ist, den Geschmack

J

zum

zum Schönen und zum Guten hervor bringen, und der
Mensch wird glücklich seyn. Die große Angelegen-
heit des Menschen besteht also darinn, daß er sich
bemüht, dieser Stimme der Natur, die ihn zum
Schönen und zum Guten hintreibt, zu folgen.
Wer diese Angelegenheit aus der Acht läßt, der ist
natürlicher Weise nicht so glücklich, als der darauf
Acht hat.

Es ist eine sehr gewöhnliche Anmerkung, daß der
Verstand keinen Einfluß auf das Herz habe. Ver-
nunftschlüsse haben gewiß diese Meynung nicht hervorgebracht; man glaubt, sie sey auf die Erfahrung
gegründet. Unsere Grundsätze werden uns zur Einsicht verhelfen, wie viel Einfluß die Eigenschaften
des Geistes auf den moralischen Charakter haben können. Wir haben gesehen, daß die moralischen Empfindungen, die sich auf die Glückseligkeit anderer beziehen, daraus entspringen, daß wir an ihrem Glück
und Unglück Theil nehmen. Ich habe gesagt, daß
diese Theilnehmung natürlich sey. Man kann aber
leicht sehen, daß sie einen Umstand voraussetzt, nämlich die Aufmerksamkeit und Klarheit der Ideen in
Absicht auf anderer Menschen Zustand. Die Empfindungen werden eben so wenig mit dem Menschen gebohren, als die Leidenschaften; er bringt, wie ich an-
derswo angemerkt habe, nichts als die wesentliche
Kraft seiner Seele mit auf die Welt, daraus nach
und nach alle andere Eigenschaften entstehen. Ein
Mensch, der in sich selbst gekehrt ist, der nur auf sich
allein aufmerksam ist, und sonst nirgends als auf
das, was sich auf sein eigenes Individuum beziehe,

seine

feine Augen hinwendet, (p) kann nicht viel Empfindungen haben. Er wird verwildert und unmensch-
lich seyn, denn was in seinen Geist nicht hinein kann,
das kann ihn auch nicht rühren. Er geht bey einem
Elenden vorüber, ohne seine Aufmerksamkeit auf ihn
zu richten; folglich hat er von des andern Zustande
nur eine sehr flüchtige Idee. Außer der Aufmerksamkeit ist auch die Ueberlegung noch eine höchst nöthige Eigenschaft des Geistes, moralische Empfindungen hervorzubringen. Der Ueberlegung allein ist
man die Klarheit der Ideen schuldig, welche den Geist
bewegt, sich eifrig damit zu beschäftigen. Das Beyspiel, das ich vorher aus dem Plutarch angeführt
habe, beweiset es, daß man erst viel überlegen muß,
wenn man an der Freude der von Philipps Unter-
druckung befreyten Griechen recht Antheil nehmen
will. Man kann sich unmöglich von ihrer Freude
eine reizende Vorstellung machen, wenn man es nicht
überdenkt, was sie vor ihrer Befreyung waren, und
was sie hernach wurden. In der allgemeinen Idee
von ihrem gegenwärtigen Zustande, als ihre Freyheit ausgerufen wurde, ist eine unendliche Menge
besonderer Ideen enthalten. Ein Mensch ohne Ueberlegung, der dieses nicht alles umständlich überdenkt, wird bey der Erzählung dieser Begebenheit
kalt bleiben. Das wird man noch überzeugender
empfinden, wenn man den geringen Eindruck erwegt,
welchen eine Erzählung, die nicht umständlich ist, auf

J 2

uns

(p) Die Engelländer haben einen sehr schicklichen Ausdruck, diesen Charakter oder diesen Fehler zu bezeichnen, welche es Selfishneß nennen.

uns macht. Wenn man uns sagt, ein kleines Heer
von zehn tausend Griechen habe, in einem unbekann=
ten Lande von Feinden umgeben, in beständigem
Fechten theils wider die Feinde, theils wider die Ele=
mente, einen Marsch von einigen hundert Meilen
thun müssen; und habe sich aus diesen verlegenen
Umständen glücklich heraus gezogen: so wird man
bey dieser verstümmelten Erzählung nicht sonderlich
viel empfinden. Lesen wir aber diesen Rückzug im
Xenophon, so werden wir durch den Muth und die
Tapferkeit dieser Griechen in die größte Verwunde=
rung versetzt werden, und Mühe haben, uns der
Freudenthränen zu enthalten, wenn wir sie außer Ge=
fahr sehen. Wir würden ohne Zweifel noch mehr
gerührt werden, wenn wir von verschiedenen Umstän=
den, die uns der Geschichtschreiber nicht hat schildern
können, selbst Zeugen gewesen wären. (q)

Es ist also gewiß, daß die Eigenschaften des
Geistes, nämlich Aufmerksamkeit, Ueberlegung und
scharfsinniges Nachdenken, die moralischen Empfin=
dungen hervor bringen und stärken. Der dumme
und der flüchtige Mensch können weder viel Empfin=
dung, noch viel Tugend haben. Aus dieser Ursache
zeigen ohne Zweifel barbarische und ungesittete Na=
tionen so wenig Menschlichkeit und Empfindungen,
da man hingegen unter gesitteten Völkern viel davon
antrift. Auf diesen Grundsatz gründet sich auch der
schöne

(q) Dieß ist die große Kunst des Redners und Dich=
ters, alle Umstände wohl zu schildern, welche die
totale Idee einer Begebenheit rührender machen.
Dieß ist das einzige Mittel, ins Herz zu sprechen.

schöne Ausspruch der Alten über den Nutzen des
Studirens: Emollit mores, nec sinit esse feros.
Denn, je mehr man sich auf die Wissenschaften gelegt
hat, desto mehr erwirbt man sich diese zwo Eigenschaften, welche Empfindungen zu haben, erforderlich sind.

Man muß auch bemerken, daß das Temperament
des Körpers dazu beytragen kann, das Herz mehr
oder weniger fühlbar zu machen. Denn es ist gewiß, daß die Lebhaftigkeit des Eindrucks, welche die
Ideen auf den Geist machen, viel von den Nerven
abhange. Ein stupider Mensch bekömmt nur sehr
selten so starke Eindrücke, daß sie ihn dahin bringen,
seine Seele darauf zu heften. Er wird auch kein
empfindliches Herz eben haben.

Diese Anmerkungen können denjenigen sehr nützlich seyn, deren Pflicht es ist, andern moralische Empfindungen einzuflößen. Will man einen Menschen
moralisch gut machen, so muß man damit anfangen,
daß man in ihm eine genaue Aufmerksamkeit auf
das, was seines gleichen angeht, erweckt. Diese
Regel des ehrlichen Chremes im Terenz: Homo
sum, nihil humani a me alienum puto, macht den
Grund der Moral aus. Diese Aufmerksamkeit er-
langt man durch Uebung. Hernach muß man die,
welche man empfindlich machen will, zur Ueberlegung
alles dessen, was sie sehen, zu gewöhnen suchen, damit sie sich recht in die Umstände einlassen, welche am
meisten auf den Geist wirken. Und da die Erfahrung sehr dazu beförderlich ist, das Herz mit Empfindungen zu erfüllen, so kann man sie, wo sie fehlt,

durch

durch die Historie, Poesie und Fabeln ersetzen. Es
ist sehr gewiß, daß man diejenigen Mißvergnügungen
anderer unendlich besser empfindet, die man selbst er=
fahren, als die man nicht gehabt hat. Da Redner,
Dichter und Romanenschreiber alles mit vieler Kunst
abzuschildern bemüht sind; so kann man sie auch sehr
nützlich brauchen, den Mangel der Erfahrung selbst
zu ersetzen.

Doch ich entferne mich zu weit von meiner Ma=
terie. Ich will mit einigen Betrachtungen über die
Schätzung der Wichtigkeit des moralischen Vergnü=
gens den Beschluß machen. Zu Ende des vorigen
Abschnitts habe ich über die sinnlichen und intellek=
tuellen Vergnügungen eine Vergleichung angestellt.
Es würde also dieser Abhandlung ein wesentlicher
Artikel fehlen, wenn ich die moralischen Vergnügun=
gen nicht auch mit den übrigen vergliche. Ich habe
im vorigen Abschnitt erwiesen, daß die intellektuellen
Vergnügungen, überhaupt zu sprechen, vor den sinn=
lichen den Vorzug verdienen; und man kann leicht zei=
gen, daß die moralischen wiederum die intellektuellen
Vergnügungen weit übertreffen. Die meisten intellek=
tuellen Vergnügungen erfordern viel vorläufige Er=
kenntniß und Studiren, und sind nicht für den großen
Haufen der Menschen. Das moralische Vergnü=
gen, das unmittelbarer mit dem Wesen der Seele
verbunden ist, erfordert nur allgemeine und leicht zu
erwerbende Eigenschaften des Geistes, und ist folglich
für jedermanns Fassung. Nichts kostet gewiß we=
niger, als das moralische Vergnügen. So bald
man sich gewöhnt hat, die übrigen Menschen als einen

Theil

Theil von sich selbst anzusehen, so ist man ein Freund des menschlichen Geschlechts. Die Glückseligkeit desselben macht uns Vergnügen. Außer diesem allgemeinen Antheil kann man auch des moralischen Vergnügens in jedem Stande und in jeder Lebensart genießen. Der eingeschränkteste Mensch kennet eine gewisse Anzahl Menschen in seinem Zirkel; und er kann ihnen, wenn er nur will, Dienste leisten, sie aus Verlegenheiten ziehen, und ihnen Annehmlichkeiten verschaffen, die er mit ihnen zugleich genießt. Man sieht aber auch, daß dieser leichte Genuß des moralischen Vergnügens die größte Verbindung mit dem menschlichen Geschlecht voraussetzt; nichts steht dem Umfange des moralischen Vergnügens mehr im Wege, als die Misanthropie und das eingezogene Leben.

Der zweyte Grund zum Beweise des Vorzugs des moralischen Vergnügens vor dem intellektuellen ist dieser, daß das moralische Vergnügen an sich selbst stärker ist als das intellektuelle. Die Gegenstände von diesem sind Spekulationen, die für und an sich nur schwach rühren. (r) Gemeiniglich aber sind es sinnliche Dinge, welche das moralische Vergnügen erwecken, und welche unmittelbar mit der Glückseligkeit verbunden sind. Die Erfahrung bestätiget solches. Der größte Theil der Leidenschaften entsteht aus moralischen Gegenständen; wenige entspringen aus bloß intellektuellen Ideen, welches beweiset, daß diese nicht so stark auf die Seele wirken als jene. Außerdem sind auch die moralischen Gegenstände gemeiniglich weit mehr zusammengesetzt, als die spekulativischen Ideen. Es kömmt

da

(r) Siehe die Vergleichung am Ende des vorhergehenden Abschnitts.

da oft auf Dinge an, die sich auf das ganze Daseyn eines intellektuellen Wesens, oder gar auf vieler ihre Glückseligkeit erstrecken. Das macht die moralischen Ideen so zusammengesetzt, daß man mit der gänzlichen Entwickelung derselben nicht zu Stande kömmt; welches dem Vergnügen, das daraus entspringt, eine sehr große Lebhaftigkeit ertheilt. Wenn ich durch einen wohl angebrachten Dienst über das ganze Leben eines Menschen, oder über eine Familie, oder gar über ein Volk Annehmlichkeit verbreiten kann; was ist das für eine unendliche Menge Ideen, die aus einer einzigen fließen! Was für ein Vergnügen, alle diese glücklichen Augenblicke durchzugehen, die aus dieser einzigen Handlung entspringen!

Endlich hat auch das moralische Vergnügen noch diesen Vorzug, daß es natürlicher Weise andere moralische Vergnügungen mit sich führt. Wenn ich mich gerecht, aufrichtig, wohlthätig und dienstfertig erzeige, so haben meine Handlungen auf den Charakter und das Betragen anderer Einfluß, welche besser gegen mich gesinnet seyn werden, als wenn ich diese Tugenden vernachläßiget hätte: und ich kann von ihrer Seite gleiche Empfindungen erwarten. Alle diese Betrachtungen zusammengenommen machen uns gewiß, daß die moralischen Vergnügungen den übrigen vorzuziehen sind, und daß man von ihnen vornehmlich Glückseligkeit zu erwarten hat. Wenn jemand alle sinnliche und intellektuelle Vergnügungen genöße, und die moralischen Vergnügungen fehlten ihm, so würde er des besten Theils der Glückseligkeit beraubt seyn; er würde das köstlichste in dem Daseyn eines denkenden Wesens nicht kennen.